HEYNE<

Die Informationen in diesem Buch (sowie jegliches gedruckte oder elektronische Begleitmaterial) wurden sorgfältig recherchiert. Sie sind jedoch kein Ersatz für eine ärztliche oder medizinische Behandlung. Eine Haftung des Autors beziehungsweise des Verlags oder der Übersetzerin für Schäden, die durch den Gebrauch des Buches und der darin enthaltenen Informationen entstanden sind, ist ausgeschlossen. Konsultieren Sie immer einen Arzt, wenn Sie krank sind. Auch bevor Sie eine Diät machen, Medikamente einnehmen oder Übungen und irgendwelche verändernden Maßnahmen durchführen, die Ihren Lebensstil betreffen, sollten Sie immer einen Arzt zu Rate ziehen. Dies gilt umso mehr im Krankheitsfall.

PAUL WILSON

Der kleine Lebenskompass

Wie Sie herausfinden,
was wirklich wichtig ist

Aus dem Englischen
von Ulrike Frey

WILHELM HEYNE VERLAG
MÜNCHEN

Die englische Originalausgabe erschien 2005 unter dem Titel

The Life Priorities Calculator.
The calm way to get your life in order

bei Penguin Books Australia Ltd.

Mix
Produktgruppe aus vorbildlich
bewirtschafteten Wäldern und
anderen kontrollierten Herkünften

Zert.-Nr. SGS-COC-1940
www.fsc.org
© 1996 Forest Stewardship Council

Verlagsgruppe Random House FSC-DEU-0100
Das für dieses Buch verwendete
FSC-zertifizierte Papier *München Super*
liefert Mochenwangen Papier.

Deutsche Erstausgabe 01/2008

Copyright © Texte: 2005 by The Calm Centre Pty Ltd.
Copyright © Abbildungen: 2005 by Alan Laver
Copyright der deutschen Ausgabe © 2008
by Wilhelm Heyne Verlag, München,
in der Verlagsgruppe Random House GmbH
Dieses Werk wurde vermittelt durch die
Literarische Agentur Thomas Schlück GmbH, 30827 Garbsen
www.heyne.de
Printed in Germany 2008
Umschlagkonzept und -gestaltung: Hauptmann & Kompanie,
Werbeagentur München – Zürich
Umschlagillustration: Doro Miletzki
Satz: C. Schaber Datentechnik, Wels
Druck und Bindung: GGP Media GmbH, Pößneck

ISBN 978-3-453-67017-4

Inhalt

Ihre höchste Priorität:
Die eigenen Prioritäten klären   13

Wie Sie mit dem Calm Way
Ihre Prioritäten ermitteln   31

Der kleine Lebenskompass PHASE 1   39

Der kleine Lebenskompass PHASE 2   87

Bleiben Sie flexibel   127

Bonusmaterial   133

Vor Ihnen liegt ein klarer Weg   149

Ihre Hilfsmittel   153

> Wohin Sie sich auch wenden, überall bieten
> sich gute Chancen und Gelegenheiten. Sind Sie bereit,
> sie spontan zu ergreifen? Oder sehen Sie darin eher
> einen zusätzlichen Stressfaktor?

Auch wenn es Ihnen im Augenblick nicht bewusst sein mag: Um Sie herum warten überall Chancen und Möglichkeiten auf Sie.

Wenn sich Ihnen eine davon genau jetzt, in diesem Moment, bieten würde – unerwartet, aber vielversprechend –, wären Sie dann in der Lage, sie auch zu nutzen? Könnten Sie sie ohne zu zögern wahrnehmen oder aber verstreichen lassen, in der Gewissheit, dass Sie Ihre Entscheidung später nicht bereuen?

Oder würden Sie sich in irgendwelche Ausreden flüchten, wie zum Beispiel: »Ich fürchte, das kann ich mir im Augenblick nicht leisten.« Oder: »Eigentlich habe ich das Gefühl, ich komme beruflich zurzeit auch so ganz gut voran.« Oder: »Tut mir leid, aber ich glaube, da habe ich schon was anderes vor.«

Und genau das ist der Haken an der Sache: Wenn man nicht weiß, wohin man möchte, kann sich selbst die beste Gelegenheit als enttäuschende Erfahrung entpuppen.

> Manchen Menschen machen die kleinen Probleme des Alltags extrem zu schaffen, während andere mühelos mit ihnen fertig werden. Was können Sie tun, um besser damit zurechtzukommen?

Das, was uns im Alltag Kopfzerbrechen bereitet – Sorgen, Unsicherheit und unvermeidliche Stresssituationen im Beruf und Privatleben –, ist in der Regel weitaus stärker von unserer Wahrnehmung bestimmt als von der Wirklichkeit.

In den meisten Fällen geht es dabei eher um Dinge, die andere unserer Meinung nach von uns erwarten, als um die tatsächlichen Ansprüche unserer Mitmenschen. Oder es geht um etwas, das möglicherweise passieren könnte, anstatt um Ereignisse, die tatsächlich mit großer Wahrscheinlichkeit eintreffen.

Wenn Sie eine klare Vorstellung davon haben, was Ihnen im Leben besonders wichtig ist, dann wird es Ihnen leichter fallen, den Höhen und Tiefen des Alltags ruhig und gelassen zu begegnen.

> Stellen Sie sich vor, Sie müssten genau jetzt eine wichtige Entscheidung treffen. Gelingt Ihnen das problemlos und voller Überzeugung? Oder stellt diese Situation für Sie eine zusätzliche Belastung dar, die Sie den ganzen Tag über beschäftigt?

Zwischen Leben und Tod, aber auch zwischen Erfolg und Misserfolg, liegt oft nicht mehr als eine winzige Entscheidung.

Sie müssen tagtäglich Entscheidungen treffen. In den meisten Fällen haben sie eher mit banalen Dingen zu tun, aber hin und wieder geht es dabei auch um mehr, beispielsweise Ihre Gesundheit, Ihre Beziehung oder Ihre Karriere. Wären Sie in der Lage, die notwendigen Entscheidungen voller Überzeugung zu treffen – im sicheren Wissen, dass Sie Ihre Wahl später nicht bereuen werden?

Oder würden Sie die Entscheidung hinauszögern? So lange hin und her überlegen, bis die Gelegenheit verstrichen ist? Die Verantwortung an jemand anderen weiterreichen? Aufs Geratewohl irgendeine Möglichkeit wählen, die *vielleicht* die richtige sein könnte?

Und eben das ist das Problem mit wichtigen Entscheidungen: Wenn Sie sich nicht völlig klar darüber sind, in welchem Zusammenhang sie mit allen anderen Aspekten Ihres Lebens stehen, können sie zu einer Belastung werden.

> Sie wünschen sich, dass Ihr Leben ausgeglichener ist. Dass Sie mehr Zeit für Ihre Familie und Ihre Kinder haben – und im Idealfall gleichzeitig auch noch beruflich vorankommen. Wissen Sie, worauf Sie sich konzentrieren und was Sie eher beiseiteschieben sollten? Oder versuchen Sie auf Biegen und Brechen, alles unter einen Hut zu bekommen?

Nichts als Arbeit. Familie und Freunde bleiben auf der Strecke. Zum Entspannen und für Freizeitaktivitäten reicht die Zeit nicht aus. Aber es muss doch im Leben noch mehr geben!

Zumindest sagen Sie sich das immer wieder aufs Neue. Sie nehmen sich fest vor, dass sich sofort etwas ändern muss. Sie wollen versuchen, die verschiedenen Aktivitäten in Ihrem Leben anders zu organisieren und Ihre Prioritäten neu zu gewichten.

Doch wie wollen Sie Ihre Prioritäten neu gewichten, wenn Sie sich noch nicht einmal Klarheit darüber verschafft haben, was Ihre Prioritäten überhaupt sind?

Wenn Sie dieses Thema vertiefen und mit einer schrittweisen Anleitung Ihr Leben ins Gleichgewicht bringen möchten, lesen Sie in meinem Ratgeber *Das große Buch der inneren Balance* weiter.

Ihre höchste Priorität: Die eigenen Prioritäten klären

Die vielen Prioritäten in Ihrem Leben

Dass der Sinn und Zweck des kleinen Lebenskompasses darin besteht, Ihnen bei der Bestimmung der Prioritäten in Ihrem Leben zu helfen, ist Ihnen vermutlich klar.

Vielleicht fragen Sie sich jedoch, weshalb Sie Hilfe dabei brauchen sollten, die derzeitigen Stressfaktoren in Ihrem Leben zu identifizieren – schließlich kennen Sie sie bereits ganz genau.

Wenn Sie ein wenig darüber nachdenken, werden Sie vermutlich feststellen, dass es in Ihrem Leben wesentlich mehr Prioritäten gibt, als Ihnen lieb ist. Drei oder vier davon fallen Ihnen sicher auf Anhieb ein. Dabei stellt sich jedoch die Frage: Ist es überhaupt möglich, mehr als eine Priorität gleichzeitig zu haben?

Von der Definition her hat eine Priorität mit einer Reihenfolge zu tun, die anzeigt, dass eine Sache wichtiger oder dringender ist als eine andere. Die Auffassung, dass es möglich ist, mehrere Prioritäten gleichzeitig zu haben, widerspricht also der eigentlichen Bedeutung des Wortes.

Doch das ist nicht nur eine Frage der Definition.

Je mehr Prioritäten Sie nebeneinander zu haben glauben, umso größer wird die Belastung sein, die Sie dabei empfinden. So funktioniert das menschliche Gehirn nun einmal.

Das ist eine Tatsache, auf die ich in meinen Büchern immer wieder hinweise: Wenn es viele verschiedene Dinge zugleich gibt, die Ihre Aufmerksamkeit erfordern, dann führt das zu Anspannung und Rastlosigkeit. Sich dagegen auf eine einzige Sache zu konzentrieren, sorgt für ein Gefühl von Ruhe und Erfüllung. Geteilte Aufmerksamkeit verhindert ein effizientes Arbeiten, während gebündelte Aufmerksamkeit dazu beiträgt. Geteilte Aufmerksamkeit reduziert die Leistungsfähigkeit, während gebündelte Aufmerksamkeit sie fördert.

Sie haben das bestimmt auch selbst schon festgestellt: Wenn man versucht, mehrere Dinge gleichzeitig zu erledigen, muss man letztlich meist bei allen Abstriche machen. Sich aber auf eine Aufgabe zu konzentrieren, sie ernsthaft anzugehen und so gut wie möglich zu erledigen, führt nicht nur zu einem besseren Ergebnis, sondern ist auch die befriedigendste Art zu arbeiten.

Vielleicht haben Sie jetzt den Eindruck, bei dem eben Beschriebenen würde es sich um eine Idealvorstellung handeln; um eine Welt, in der man sich den Luxus erlauben kann, nur eine einzige Priorität zu haben, auf die man sich voll und ganz konzentrieren kann. Und Sie haben recht: Ideal wäre eine solche Welt in der Tat. Doch nur, weil es eine Idealvorstellung ist, heißt das noch lange nicht, dass sie unerreichbar wäre – ganz im Gegenteil!

Wie kann man Prioritäten in eine Reihenfolge bringen?

Wenn Sie sich bereits über all Ihre Prioritäten im Klaren wären und wüssten, wie – oder ob – man sie in eine geeignete Reihenfolge bringen kann, dann hätten Sie vermutlich nicht bis hierher gelesen.

Ist es nicht verblüffend, dass man einfach so sein Leben lebt – tagein, tagaus derselbe Job; das ganze Auf und Ab der Gefühle, Finanzen und Beziehungen, das man durchmacht; Phasen der Klarheit oder aber der Unsicherheit, der Gesundheit ebenso wie der Krankheit, des Hochgefühls und der Niedergeschlagenheit –, ohne auch nur einmal innezuhalten und sich ernsthaft zu fragen: »Wozu mache ich das alles eigentlich? Was ist mir wichtig im Leben?«

Natürlich gibt es Zeiten, in denen sich einem diese Fragen stellen, doch geschieht das meist dann, wenn man in seinem Leben an einem Scheideweg steht:

- Wenn man die Schule oder das Studium abgeschlossen hat,
- wenn man eine Beziehung neu überdenkt oder beendet,
- wenn man den Job wechselt,
- wenn einem gekündigt wurde,
- wenn man vierzig wird (oder einen anderen runden Geburtstag feiert),
- wenn man ein Kind bekommt,
- wenn man sich durch eine Krankheit oder den Tod eines lieben Menschen der eigenen Sterblichkeit bewusst wird,
- wenn man sich Gedanken über seinen Ruhestand macht oder
- wenn der Lebensabend erreicht ist.

Die meisten Ereignisse, Erfolge oder Misserfolge jedoch, und vor allem die meisten Chancen, Glück und Zufriedenheit zu erlangen, liegen in den Phasen zwischen den genannten Ereignissen. *Dies* sind die entscheidenden Phasen in Ihrem Leben.

Es wäre schlimm, wenn sie vorübergingen, ohne dass Sie Zeit gefunden hätten, sich Gedanken darüber zu machen, was für Sie am wichtigsten ist.

Was anderen Menschen wichtig ist

Vor einigen Jahren führte ich mit meiner Forschungsgruppe vom Calm Centre eine Umfrage zum Thema Einstellungen am Arbeitsplatz durch – allerdings gaben wir dabei vor, es gehe darum, wie Angestellte heutzutage mit beruflichen Belastungen umgehen. Eine der Fragen lautete: »Welche Bedeutung messen Sie den verschiedenen Motivationen, Einflüssen, Zielsetzungen und Verpflichtungen bei, die Ihr Leben bestimmen? Was ist für Sie am wichtigsten?«

Im ersten Moment hört sich das nach einer recht simplen Frage an, doch wir waren überrascht, wie wenige Personen sie zumindest einigermaßen mühelos und erschöpfend beantworten konnten.

In der Regel ging es bei den am häufigsten genannten »Prioritäten« entweder um

- aktuelle Probleme – beispielsweise die Gesundheit, die Beziehung, die Versorgung der Kinder, den Beruf – oder aber um

- Zielsetzungen, die mit Geld, Karriere oder dem Lebensstil zu tun haben.

Doch kann das Lösen von Problemen oder das Erreichen irgendwelcher Einzelerfolge wirklich eine Priorität für das ganze Leben sein? Stellen Sie sich vor, Sie sind irgendwann einmal alt und gebrechlich und Ihre Enkel wollen von Ihnen wissen, wie Sie Ihre Zeit hier auf Erden genutzt haben. Dann möchten Sie doch sicher mehr erzählen können als: »Ich habe es geschafft, die Zahlung meiner monatlichen Tilgung für Juli noch etwas hinauszuzögern«, oder: »Ich habe 2004 ganze 30 Prozent mehr Kundenverträge abgeschlossen als 2003«.

Offenbar müssen wir bei unserer Suche also Alltagsprobleme, die wir lösen müssen, und Einzelziele, die wir erreichen wollen, ausklammern.

Was ist Ihnen wichtig?

Wenn Sie einmal die naheliegendsten Dinge außer Acht lassen: Was wissen Sie dann über sich? Was treibt Sie an? Können Sie Ihre ganz persönlichen Werte und Motivationen mit Worten beschreiben? Fällt es Ihnen leicht, die Dinge, die Ihnen wichtig sind, in eine Rangfolge zu bringen? Können Sie sagen, was Ihren Lebensinhalt ausmacht?

Wenn Sie sich bei der Beantwortung dieser Fragen schwertun, dann trösten Sie sich mit der Gewissheit, dass es den meisten anderen Menschen genauso geht.

Obwohl wir bei unserer Studie nicht näher erforschten, was die Befragten als ihren »Lebensinhalt« betrachteten – *wir* dagegen werden uns später, im Kapitel mit dem »Bonusmaterial«, damit befassen –, weiß ich aus anderen Calm-Centre-Interviews, dass es mehr Menschen gibt, die sich diese Frage stellen, als Menschen, die sie beantworten können.

Aber versuchen wir es doch erst einmal mit ein paar anderen Fragen:

- Gibt es in Ihrem Leben ein bestimmtes Ziel? Oder lassen Sie sich eher von einem Tag zum nächsten treiben und reagieren auf das, was Ihnen unterwegs begegnet?
- Hat das, womit Sie sich im Alltag beschäftigen, einen tieferen Sinn, einen Wert? Oder tun Sie es nur, weil Sie es tun müssen, um über die Runden zu kommen?
- Wissen Sie, wohin die tägliche Routine Sie letztendlich bringen soll? Oder wollen Sie immer wieder

etwas anderes, je nach Lust und Laune oder den momentanen Einflüssen in Ihrem Leben?
- Haben Sie den besten Job oder die beste Beziehung, die Sie haben können?
- Machen Sie etwas aus Ihrer Zeit hier auf diesem Planeten?

Sollten Sie diese Fragen nicht beantworten können, sind Sie auch diesmal in guter Gesellschaft. Vielleicht sind Sie ja einfach zu beschäftigt, um sich eine derartige Selbstbetrachtung erlauben zu können. Vielleicht haben Sie bisher nur noch nicht erkannt, wie wichtig diese Fragen sind. Oder Sie möchten nur ungern mit Antworten konfrontiert werden, die möglicherweise unangenehm sind oder Ihnen zu nahegehen. Und außerdem: Morgen ist ja auch noch ein Tag.

Der kleine Lebenskompass möchte Ihnen Anregungen geben, wie Sie derartige Hemmnisse überwinden und eine Bestandsaufnahme machen können, was wichtig ist. Und das kann durchaus eine recht unterhaltsame Übung sein!

Bringen Sie Ordnung in Ihre Prioritäten

Ich habe vorhin bereits erwähnt, wie wichtig es ist, seine Prioritäten »in Ordnung zu bringen«. Dafür gibt es eine ganze Reihe von Gründen.

Zunächst einmal wird Ihnen das zu der inneren Ruhe und Ausgeglichenheit verhelfen, die Ihnen ermöglicht, sich voll und ganz den Erfordernissen und Aktivitäten des Alltags zu widmen, Ihnen zugleich jedoch ein angenehmes Gefühl von Klarheit und Entscheidungsfähigkeit gibt.

Daneben aber geht es ganz einfach um Ihre Leistungsfähigkeit. Ebenso, wie Sie nicht mehrere Ziele gleichzeitig verfolgen oder zwei Herren dienen können, ist es auch nicht möglich, mehrere Prioritäten miteinander in Einklang zu bringen. Doch Sie würden sich wundern, wie viele Menschen genau das versuchen. Um noch einmal auf die erwähnte Studie des Calm Centre zum Thema Arbeitseinstellungen zurückzukommen: Wir fanden heraus, dass

- alle Befragten mehrere gleichwertige Prioritäten in ihrem Leben hatten und
- die meisten glaubten, dass es nicht nur möglich, son-

dern sogar äußerst wichtig sei, ihnen allen gleichzeitig gerecht zu werden.

Und damit ist der Frust auch schon vorprogrammiert. Selbst wenn es Ihnen gelingen sollte, mehrere Prioritäten unter einen Hut zu kriegen, wird der Versuch Sie teuer zu stehen kommen: Sie werden sich ruhelos und gestresst fühlen, Ihre Leistungsfähigkeit wird sinken und Sie werden bei Weitem nicht die Befriedigung erlangen, die Ihnen die Arbeit, die Familie oder irgendwelche anderen Bereiche Ihres Lebens eigentlich verschaffen könnten.

Daher ist es unabdingbar, die Prioritäten in Ihrem Leben in eine Reihenfolge zu bringen, und zwar entsprechend der Wichtigkeit, die ihnen Ihrer Meinung nach zukommt.

Wichtigkeit lässt sich ermitteln

Es gibt eine Vielzahl verschiedener Motivationen, Einflüsse und Verpflichtungen, die Ihr direktes Lebensumfeld prägen. Darüber hinaus gibt es eine ganze Reihe von Bereichen, die Ihre Aufmerksamkeit erfordern und in denen Sie etwas erreichen wollen oder müssen. Doch sind tatsächlich all diese Bereiche für Sie relevant? Sind sie tatsächlich wichtig? Oder können manche davon möglicherweise aufgegeben, aufgeschoben oder neu organisiert werden, während Sie sich auf andere konzentrieren?

Viele Menschen glauben, dass sich Fragen wie diese in der heutigen Zeit nicht mehr so einfach beantworten lassen. Es heißt immer, unsere Welt sei komplexer geworden und es koste mehr Zeit und Kraft als früher, überhaupt einigermaßen über die Runden zu kommen. Und es wird behauptet, dass wir es trotz der eindeutigen Belastungen und Einschränkungen, die dies mit sich bringe, als moderne Menschen nun einmal akzeptieren müssten, mehrere Prioritäten gleichzeitig zu bewältigen.

Doch wer so argumentiert, hat schon verloren.

Nie zuvor gab es eine so große Entscheidungsfreiheit und so viele Möglichkeiten wie in unserer heutigen Welt. Um sie nutzen zu können, benötigen Sie nichts weiter als ein paar Kenntnisse und Fähigkeiten. Die maßgeblichste davon ist die Fähigkeit, zu bestimmen, worin Ihre Prioritäten bestehen: So können Sie sich ganz auf das konzentrieren, was Ihnen wichtig ist, anstatt Ihre Energie für eine Unmenge an Bedürfnissen, Pflichten und Verbindlichkeiten zu vergeuden.

Um die verschiedenen Stressfaktoren und Belastungen, denen Sie im Alltag ausgesetzt sind, bewerten zu können, ist jedoch ein Bezugsrahmen erforderlich. Ihn zu definieren ist zwar nicht besonders schwierig, doch ohne eine Hilfestellung wie den kleinen Lebenskompass kann dieser Prozess ein gehöriger Kraftakt sein.

Weshalb?

Nun, weil die meisten Menschen die Sache auf die mühsame Art und Weise angehen: Sie beginnen bei den drängendsten Bedürfnissen und Problemen und versuchen dann auszutüfteln, wie es von da aus weitergehen könnte. Doch schon bald müssen sie feststellen, dass dieser Weg sie nirgendwohin bringt.

Selbst wenn sie es mit einer ganzheitlicheren Herangehensweise versuchen, werden sie irgendwann merken, wie schwierig und unkalkulierbar diese Methode ist. Da die menschlichen Motivationen und Bedürfnisse zum größten Teil entweder unterbewusst oder unbewusst existieren, nehmen wir sie ganz einfach nicht wahr, obwohl sie das, was wir tun oder fühlen, kontinuierlich beeinflussen.

Weitaus mehr Erfolg werden Sie haben, wenn Sie nach dem Calm Way vorgehen und den kleinen Lebenskompass verwenden.

Da er sich sowohl Ihre bewussten *als auch* Ihre unbewussten Ressourcen zunutze macht, lässt sich mit dem kleinen Lebenskompass ganz einfach herausfinden, was Ihnen in Ihrem Leben den Antrieb gibt – und zwar sowohl vordergründig betrachtet als auch auf den tiefsten Ebenen.

Damit können Sie die Ablenkungen des Alltags als solche erkennen und bestimmen, was für Sie wichtig ist – ganz gleich, in welcher Lebensphase Sie sich gerade befinden.

Egal, ob Sie den kleinen Lebenskompass einmal im Jahr, alle paar Monate oder noch häufiger verwenden, er wird Ihnen helfen, Ihre Prioritäten zu sortieren. Und auf der Grundlage dieses Wissens wird es Ihnen umso leichter fallen,

- die alltäglichen Ereignisse richtig einzuschätzen,
- fundierte Entscheidungen zu treffen,
- gute Gelegenheiten und Entscheidungsmöglichkeiten rasch bewerten zu können,
- die konkurrierenden Bereiche Ihres Lebens wieder in Einklang miteinander zu bringen,
- die für Sie passenden Ziele zu erkennen und sie anzuvisieren sowie
- die erforderliche Energie zu bemessen, die Sie in Ihre derzeitigen Aktivitäten stecken.

Ein paar Anmerkungen zum Thema Objektivität

In den vergangenen Jahrzehnten habe ich mit vielen Unternehmen eng zusammengearbeitet und sie dabei unterstützt, ihre Prioritäten in verschiedenen Phasen ihrer Entwicklung zu definieren oder neu zu überdenken.

Was mich bei diesem Prozess immer wieder überraschte, war die Unvoreingenommenheit, mit der manche Unternehmen diese Selbstbeurteilung vornahmen – wenn sie sich beispielsweise Gedanken darüber machten, worin sie sich auszeichnen, was sie erreichen wollen oder was ihnen dabei im Wege steht. (Natürlich ist das nicht bei allen Unternehmen der Fall, aber die, die prosperieren, haben in der Regel eine recht konkrete Vorstellung davon, worum es ihnen geht.)

Stellen Sie sich nur vor, wie viel einfacher es für Sie wäre, die Prioritäten in Ihrem Leben zu bestimmen, wenn Sie gegenüber sich selbst genauso objektiv sein könnten!

Obwohl die meisten erfolgreichen und zufriedenen Menschen, denen ich bislang begegnet bin, sich ihrer persönlichen Werte und Prioritäten sehr wohl bewusst sind, fällt es der Mehrheit von uns nicht leicht, solche Dinge wirklich objektiv zu betrachten.

Der Prozess der Selbstbeurteilung läuft aus nachvollziehbaren Gründen nicht ohne Emotionen ab. Vielleicht haben Sie ja schon einmal von der Theorie der Selbstwahrnehmung gehört. Sie besagt in etwa, dass wir einfach nicht besonders gut darin sind, herauszufinden, was uns antreibt oder was sich hinter unseren Einstellungen und Beschränkungen verbirgt. Wir neigen dazu, uns mehr oder weniger so zu bewerten, wie es auch ein Außenstehender tun würde: Wir nehmen wahr, was wir tun, und ziehen daraus Rückschlüsse auf die Ursachen unseres Handelns. Zum Beispiel: »Ich arbeite sehr viel, also muss ich wohl eine ganze Menge Pflichten und Aufgaben haben.« Diese »umgekehrte« Interpretationsweise lässt jedoch in der Regel die wahren Beweggründe unberücksichtigt.

Darüber hinaus besteht unser Alltag aus vorprogrammierten Reaktionen. Wenn uns jemand nach X fragt, antworten wir automatisch mit Y, ohne weiter darüber nachzudenken. Sagt jemand A, dann denken wir unweigerlich an B. Und oft steht hinter diesen Reaktionen nicht einmal ein Sinn oder eine Logik, sondern sie beruhen auf einer reinen Konditionierung.

Um diese Fallen der Selbstbeurteilung zu umgehen, bedient sich der kleine Lebenskompass der Rollenspiel-

Methode. Probieren Sie es aus, und Sie werden merken, wie viel Spaß das macht!

Das Verblüffende an dieser Methode ist, dass sie Ihnen ermöglicht, tief verborgene und ganz persönliche Seiten Ihres Lebens und Ihrer Persönlichkeit zu entdecken, Sie gleichzeitig jedoch ein Maß an Objektivität wahren lässt, das sonst nicht erreichbar wäre.

> **Was Sie bisher entdeckt haben:**
>
> - Es ist wichtig zu entscheiden, was wichtig ist.
> - Sie werden gelassener, erfolgreicher und glücklicher sein, wenn Sie nicht mit mehreren Prioritäten gleichzeitig jonglieren müssen (was ohnehin ein Widerspruch in sich ist).
> - Den meisten Menschen fällt es schwer, ihr Leben so zu gestalten, dass sie ihre Prioritäten in eine Rangfolge bringen können.
> - Es gibt einen mühsamen Weg, dieses Ziel zu erreichen, und es gibt den Calm Way.

Wie Sie mit dem Calm Way Ihre Prioritäten ermitteln

Vergessen Sie den mühsamen Weg

Wenn es darum geht, sich Klarheit über die eigenen Prioritäten zu verschaffen, wählen die meisten Menschen den mühsamen Weg. Sie tendieren dazu, sich auf naheliegende Bedürfnisse und Probleme zu konzentrieren ... oder sie plagen sich damit ab, zwischen Wichtigem und Unwichtigen zu unterscheiden ... oder sie gehen die Sache viel zu verkopft an ... oder sie versuchen es aufs Geratewohl, weil das Ganze so furchtbar kompliziert ist.

Der mühsame Weg ist jedoch verwirrend, führt in Bereiche, mit denen Sie sich eigentlich gar nicht zu beschäftigen brauchen, und wenn Sie die Sache wirklich ernsthaft betreiben, wird Ihnen schon bald der Schädel brummen. Und dann kommt schließlich die große Enttäuschung: Obwohl Sie sich furchtbar bemüht haben, müssen Sie feststellen, dass Sie immer noch keine klare Vorstellung von dem haben, wonach Sie suchen.

Ist es also ein Wunder, dass die meisten Menschen nie über ihre Prioritäten nachdenken, bis sie sich irgendwann in einer Krise oder an einem Wendepunkt ihres Lebens befinden?

Der MÜHSAME Weg

Der CALM WAY

Wie bekomme ich mein Leben in den Griff?

Auf welche Ziele soll ich hinarbeiten?

Wie werde ich mich entscheiden?

Ist das der richtige Job für mich?

Soll ich diese Chance nutzen?

Soll ich mich mehr einbringen oder weniger?

Wie kann ich meine Verpflichtungen besser miteinander in Einklang bringen?

Prioritäten

Wie Sie mit dem Calm Way Ihre Prioritäten ermitteln

Der kleine Lebenskompass ist ein maßgeblicher Bestandteil des Calm Way™ und seiner Sammlung an Hilfsmitteln. Sie basieren alle auf der Grundannahme, dass die beste Methode, etwas zu erreichen, nicht darin besteht, sich mehr anzustrengen – was sogar kontraproduktiv sein kann –, sondern stattdessen einer intuitiven Herangehensweise zu folgen, die außerdem noch mehr Spaß macht, nämlich dem Calm Way. Bei dieser Methode werden alle Ihre Ressourcen gleichermaßen berücksichtigt, weshalb sich damit nachweislich bessere Erfolge erzielen lassen.

Auf der Basis des Calm-Way-Prinzips ermöglicht es Ihnen der kleine Lebenskompass auf leicht umsetzbare, angenehme Art und Weise, sich voll und ganz auf Ihre Prioritäten zu konzentrieren. Er ist eine wertvolle Hilfestellung, wenn es darum geht, spontan einzuschätzen, was wichtig ist und was warten kann – und somit Entscheidungen treffen, Ziele setzen, Chancen nutzen und Ihr Leben ins Gleichgewicht bringen zu können.

Mit dem kleinen Lebenskompass werden Sie zwei sehr unterschiedliche Phasen durchlaufen, in denen jeweils eine der beiden Gehirnhälften verstärkt in Anspruch genommen wird.

Die erste Phase schafft die nötigen Grundlagen, die Sie beherrschen müssen, um den Lebenskompass rasch und unkompliziert einsetzen zu können. Dabei werden wir so vorgehen, wie auch Ihre linke Gehirnhälfte arbeitet: mit Logik, Geradlinigkeit und einer gewissen Akribie. Das wird mehr Zeit erfordern als die zweite Phase, aber dafür brauchen Sie den Großteil davon auch nur einmal durchzuarbeiten.

Die zweite Phase funktioniert von ihrer Art her eher wie die rechte Gehirnhälfte: intuitiv, entspannt, ganzheitlich und flexibel. Das Beste ist jedoch, dass Sie sie wiederholen können, sooft Sie wollen, und sie sowohl über einen kurzen wie über einen längeren Zeitraum einsetzen können.

Wenn Sie die beiden Phasen abgeschlossen haben, werden Sie auf jeden Fall einiges klarer sehen. Sie werden all Ihren Bedürfnissen, Werten, Motivationen, Verpflichtungen, Wünschen und Ansprüchen Rechnung getragen haben – den bewussten ebenso wie den unbewussten –, und zwar ganz ohne jede Mühe.

Der kleine Lebenskompass

PHASE 1

Vierfach einfach

Bevor Sie mit dem kleinen Lebenskompass beginnen, gibt es noch einige Entscheidungen zu treffen. Doch keine Angst! Das wird nicht weiter schwierig oder aufwändig sein. Es handelt sich lediglich um ein paar simple Gedanken über Sie selbst und Ihr Leben, die Ihnen eigentlich leichtfallen dürften.

Um es Ihnen noch einfacher zu machen, werden wir diese Überlegungen auf vier verschiedenen Ebenen anstellen. Für sich genommen kann jeder dieser vier Schritte eine äußerst interessante und unterhaltsame Erfahrung sein.

Weshalb? Weil Sie sich dafür nur hinzusetzen und an Ihr Lieblingsthema zu denken brauchen – nämlich an sich selbst. Haben Sie nicht schon immer auf eine solche Gelegenheit gewartet?

Genauso, wie Sie Ihre Überlegungen auf vier verschiedenen Ebenen anstellen, sollten Sie für die Durchführung auch vier unterschiedliche Zeitpunkte wählen (im Idealfall vier verschiedene Tage, aber das hängt letztlich davon ab, wie viel Zeit Sie zur Verfügung haben). Widmen Sie sich jeder einzelnen Ebene so gründlich, wie es Ihnen nötig oder richtig erscheint. Am Schluss fügt sich dann alles zu einem großen Gesamtbild der verschiedenen Einflüsse zusammen, von denen Ihr Leben geprägt ist.

Die Einflussfaktoren in Ihrem Leben

Sie sind bisher vermutlich durchs Leben gegangen, ohne sich allzu viele Gedanken über die vielen verschiedenen Prioritäten zu machen, die sich im Lauf der Zeit ergeben haben. Sie nun zu ordnen ist jedoch nichts, was man erreicht, indem man schnell mal eine zehnminütige Übung macht und anschließend entscheidet: »das sind jetzt meine Prioritäten«. Etwas komplizierter ist das Leben dann doch.

Prioritäten lassen sich nicht so eindeutig festlegen wie die Augenfarbe oder die Blutgruppe eines Menschen. Sie sind das Ergebnis eines Lebens voll unterschiedlicher Einflüsse. Manche davon sind unübersehbar, andere wiederum kaum zu erkennen; manche werden Ihnen bewusst sein, andere nicht; manche kommen von außen, andere von innen. Doch letztlich kommen sie alle zum Tragen, wenn es um Ihre Befindlichkeit und Motivation geht.

Die Einflüsse in Ihrem Leben wirken wie gesagt auf vier verschiedenen Ebenen. Obwohl Sie ihnen möglicherweise eine andere Bedeutung beimessen und sie anders anordnen würden, wollen wir uns ihnen hier im kleinen Lebenskompass in dieser Reihenfolge widmen:

- Ihre Werte
- Ihre Bedürfnisse
- Ihre Verpflichtungen
- Ihre Ziele, Ansprüche oder Wünsche

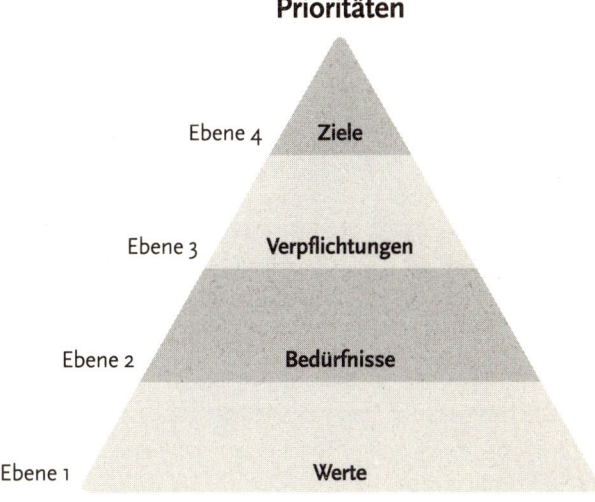

Jede dieser Kategorien beeinflusst wiederum die anderen – eine baut auf der anderen auf:

Ihre Bedürfnisse basieren auf Ihren Werten.

Ihre Verpflichtungen richten sich nach Ihren Bedürfnissen.

Ihre Ziele und Ansprüche sind von Ihren Verpflichtungen abhängig.

Von einer Ebene zur anderen zu springen, ohne dabei auch die übrigen mit zu berücksichtigen, oder mit einer anzufangen, ohne die vorangehende zu beachten, würde zu einem oberflächlichen Ergebnis führen. Wollen Sie stattdessen jedoch ein umfassendes Bild der Prioritäten in Ihrem Leben erhalten, dann müssen Sie sich zunächst ein umfassendes Bild von den Einflüssen in Ihrem Leben machen.

Um das Ganze etwas bildhafter auszudrücken: Wir werden uns eine kleine Pyramide bauen. Ganz unten befinden sich Ihre Werte (Ebene 1), sie gehen über in Ihre Bedürfnisse (Ebene 2), diese wiederum in Ihre Verpflichtungen (Ebene 3) und diese in Ihre Ziele (Ebene 4).

Haben Sie alle Einflüsse auf diese Weise angeordnet, dann wird es Ihnen leichtfallen, im nächsten Schritt auch Ihre Prioritäten in eine Rangfolge zu bringen.

EBENE 1: Ihre Werte

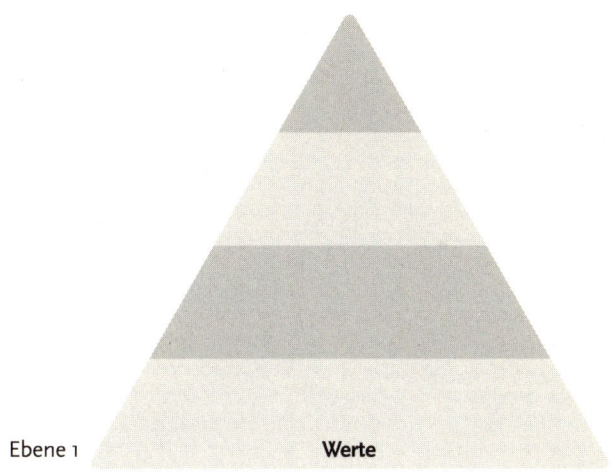

Ebene 1 — **Werte**

Was gibt Ihrem Leben einen Sinn?

Nahezu allem menschlichen Verhalten liegt eine Reihe von Werten zugrunde, die nur wenigen von uns wirklich bewusst sind. Dies sind unsere Grundwerte.

Auch wenn Sie vielleicht nie über diese Werte nachdenken – oder falls doch, dann ohne dass sie Ihnen sofort als solche erkenntlich wären –, spielen diese grundlegenden Eigenschaften oder Merkmale eine entscheidende Rolle für Ihre Befindlichkeit, denn sie machen Sie zu dem Menschen, der Sie sind. Sie geben Ihrem Leben ein Ziel und einen Sinn. Sie haben eine direkte Auswirkung auf alles, was Sie fühlen und denken, und größtenteils auch auf Ihr Handeln. Sie sind der Grund dafür, dass Sie eine Vorgehensweise als angemessener betrachten als eine andere. Mit ihrer Hilfe wissen Sie, ob etwas richtig oder falsch ist. Sie dienen Ihnen als Rechtfertigung für Ihr Verhalten. Auf ihnen basieren die befriedigendsten Entscheidungen Ihres Lebens.

Natürlich können Sie wichtige Entscheidungen auch ausschließlich auf Grundlage Ihrer Bedürfnisse treffen: Zum Beispiel könnten Sie sich deswegen einen Partner fürs Leben suchen, weil Sie sich gerade einsam fühlen und die Nacht nicht allein verbringen möchten. Oder Sie können Ihre Entscheidungen lediglich aufgrund Ihrer Verpflichtungen treffen: So könnten Sie sich einen Lebenspartner suchen, weil Ihre Kinder Vater und Mutter brauchen und ein Ersatz für den Elternteil hermuss, der sich gerade auf und davon gemacht hat. Sie können Ihre Entscheidungen aber auch allein an Ihren momentanen Zielen und Ansprüchen ausrichten und sich einen Lebenspartner suchen, der in der Lage ist, Ihnen das Traumhaus zu kaufen, das Sie sich schon so lange wünschen.

Die befriedigendsten, stimmigsten Entscheidungen jedoch sind diejenigen, die in Einklang mit Ihren Grundwerten stehen.

Einige Beispiele für *positive* menschliche Werte sind Aufrichtigkeit, Verantwortungsgefühl, Mitgefühl und Optimismus. Natürlich gibt es daneben noch unzählige andere.

Angesichts der Tatsache, dass sie für Ihre Grundhaltung zum Leben eine so bedeutende Rolle spielen, sollte sich der geringe Aufwand lohnen, genauer zu erforschen, welche Werte dies eigentlich sind.

Wie entstehen sie?

Ihre Werte stehen in engem Zusammenhang mit Ihren Überzeugungen und Einstellungen. (Überzeugungen sind Dinge, von denen Sie »wissen«, dass sie richtig sind, und auf die Sie vertrauen; als Einstellungen bezeichnet man die Art und Weise, wie Sie dazu stehen. Überzeugungen beruhen auf Ihren Werten, Einstellungen wiederum auf Ihren Überzeugungen.)

Grundwerte beginnen sich bereits sehr früh im Leben auszubilden und sind vor allem von den Eltern, den Lehrern und anderen Personen des sozialen Umfelds geprägt.

Mit zunehmendem Alter und unter dem Einfluss anderer Menschen können sich diese Werte verändern oder entwickeln. Für gewöhnlich bauen sie auf dem »Wertefundament« auf, das Sie aus Ihrer frühen Kindheit mitbringen, doch das muss nicht so sein. Es gibt durchaus Phasen im Leben, in denen es zu Konflikten zwischen verschiedenen Werten kommt – zum Beispiel als Kleinkind, Teenager oder junger Erwachsener. So kann sich ein Jugendlicher im Zwiespalt zwischen den Werten Nähe und Abgrenzung befinden, wenn das langjährige Bedürfnis nach elterlicher Nähe in Konflikt mit dem Wunsch nach Unabhängigkeit gerät.

Und selbst wenn sich die persönlichen Werte nicht verändern, kommt Ihnen in den verschiedenen Lebensabschnitten eine immer wieder andere Bedeutung zu. Mit achtzehn mag es einem wichtiger sein, Lebenserfahrung zu sammeln, als maßvoll zu handeln. In fortgeschrittenem Alter dagegen wird man der Lebenserfahrung vermutlich keinen so hohen Stellenwert mehr einräumen und stattdessen eine gewisse Mäßigung als sinnvoll erachten.

Doch was uns hier im Zusammenhang mit Ihren Prioritäten interessiert, sind die Werte, die *momentan* für Sie relevant sind.

Die Bedeutung der Begriffe

Die größte Hürde bei der Bestimmung der eigenen Werte hat mit den entsprechenden Begrifflichkeiten zu tun. In der Regel deuten verschiedene Menschen ein und denselben Wert auf ganz unterschiedliche Weise. So wird es keine zwei Menschen geben, die unter »Mitgefühl« dasselbe verstehen – was vielleicht erklärt, weshalb es in der Partnerschaft und am Arbeitsplatz so häufig zu Konflikten kommt.

Davon abgesehen herrscht auch oft Unklarheit, wann man von Werten spricht, wann eher von Eigenschaften und wann von Tugenden. Haben sie etwas miteinander zu tun oder bezeichnen sie grundlegend verschiedene Dinge?

Wir wollen hier der Einfachheit halber nicht näher auf die feinen Unterschiede zwischen Werten, Eigenschaften und Tugenden eingehen und sie als ein und dasselbe betrachten.

Da Sie diese Übung allein durchführen werden, dürfen Sie außerdem ganz nach Lust und Laune selbst bestimmen, wie Sie die verschiedenen Werte definieren möchten. Entscheidend ist nur, was Sie persönlich unter dem Begriff verstehen.

Bestimmen Sie Ihre Werte

Ich habe vorhin schon erzählt, dass ich es äußerst aufschlussreich fand, wie unvoreingenommen gut geführte Unternehmen ihre Eigenschaften bewerten – eine Fähigkeit, über die nur wenige Einzelpersonen verfügen.

Erfolgreiche Unternehmen sind sich nicht nur ihrer Werte bewusst, sondern nutzen sie auch als Grundlage für ihre Aktivitäten. Hier ein paar bekannte Beispiele:

- Das Rote Kreuz führt als seine Werte (oder Grundsätze) an: Menschlichkeit, Unparteilichkeit, Neutralität, Unabhängigkeit, Freiwilligkeit, Einheit und Universalität. Wenn Sie für eine Organisation wie das Rote Kreuz arbeiten oder ihre Dienste in Anspruch nehmen würden, dann wüssten Sie somit genau, wofür sie steht und was man von ihr erwarten kann.
- Disney verfügt über eine vermutlich bekanntere Kombination von Werten, nämlich Fantasie und Moral. Wenn Sie für ein Unternehmen mit diesen Werten

tätig wären oder sein Angebot nutzen würden, dann wüssten Sie genau, was Sie zu erwarten haben.

Stellen Sie sich vor, Ihre eigenen Werte wären auch so eindeutig definiert. Damit hätten Sie eine perfekte Grundlage für sämtliche Herausforderungen, mit denen Sie konfrontiert sind: Entscheidungen würden Ihnen kein Kopfzerbrechen mehr bereiten, und Sie bräuchten sich in Zukunft keine Gedanken darüber zu machen, wie es weitergehen soll.

Große Unternehmen können es sich leisten, sich für die Bestimmung ihrer Werte die Unterstützung von Beratern zu holen. Doch was können Sie tun?

Sich Ihre Werte aus einer entsprechenden Liste aussuchen?

Das wäre zumindest ein Anfang. Viele Menschen tun sich jedoch schwer damit, die richtigen Worte zu finden, um ihre Werte zu benennen. Sie *wahrzunehmen* und vielleicht auch gut zu *kennen* ist durchaus möglich, und dennoch kann man sich schwer damit tun, das Wort zu finden, das sie hinreichend beschreibt.

Ich werde Ihnen ein Beispiel nennen:

- Beziehungen
- Zugehörigkeit

- Freude
- Achtung
- Leistung
- Sicherheit

Manche Menschen werden sich diese Aufzählung ansehen und sofort ein Bild von einer Person vor Augen haben, die diese Werte vertritt. Andere wiederum werden angesichts der Liste eher ratlos sein. Grund dafür ist, dass die Worte, die der eine wählt, für einen anderen nicht unbedingt selbsterklärend sind.

Würden Sie die genannten Werte dagegen im Zusammenhang eines ganzen Satzes lesen – bevor sie auf ein einzelnes Wort reduziert werden –, dann wären sie leichter zu verstehen.

- Anregende, erfüllende *Beziehungen* mit anderen pflegen.
- Das Gefühl von *Zugehörigkeit* empfinden können.
- Das, womit ich mich beschäftige, mit *Freude* und Genuss tun.
- Die *Achtung* anderer erfahren.
- Das Gefühl haben, eine wertvolle *Leistung* erbracht zu haben.
- Ein Gefühl von *Sicherheit* und Wohlergehen empfinden.

Wie Sie sich diesen Vorgang erleichtern

Bei dem Versuch, menschliche Werte zu ermitteln, begegnen uns also zwei Schwierigkeiten: erstens, eine Vorstellung von dem zu bekommen, was unsere Werte überhaupt sind, und zweitens, die richtigen Worte zu finden, um sie zu beschreiben.

Wenn Sie es mit reiner Verstandeskraft versuchen, dann werden Sie Ihre Probleme damit haben. Deshalb wollen wir hier eine simple Vorgehensweise anwenden, die Ihnen nicht nur dabei helfen wird, Ihre Grundwerte ans Tageslicht zu bringen, sondern auch, sie so zu beschreiben, dass es für Sie einen Sinn ergibt. Und zwar nur für Sie.

Dieser Prozess kann eine sehr unterhaltsame Erfahrung sein – vorausgesetzt, Sie nehmen das Ganze nicht allzu ernst. Es gibt dabei keine richtigen oder falschen Antworten. Und Sie sollten so vorgehen, wie es Ihnen persönlich am meisten behagt.

Dazu gibt es fünf einfache Schritte, von denen jeder einzelne zu einer entspannten, beinahe genussvollen kleinen Selbstbetrachtung werden kann.

Nehmen Sie sich also ein wenig Zeit und denken Sie nicht an irgendwelche Resultate, sondern kosten Sie diese Erfahrung ganz ohne Hintergedanken Schritt für Schritt aus.

(Auf Seite 61 finden Sie die Liste »20 Werte«, die Sie für die im Folgenden beschriebenen Schritte verwenden können.)

1. SCHRITT Machen Sie sich mit dem Begriff »Werte« vertraut

Dieser Schritt dient dazu, ein ziemlich abstraktes Konzept – nämlich das der Werte – anschaulicher zu machen und es mit Ihrer Person in Verbindung zu bringen.

Zunächst suchen Sie sich ein Vorbild: einen Menschen, den Sie nicht nur gut kennen und bewundern, sondern der Sie zudem irgendwann in Ihrem Leben *persönlich* beeinflusst hat; die Nelson Mandelas dieser Welt scheiden damit also für die meisten von uns schon einmal aus …

Dieses Vorbild kann Ihr Vater oder Ihre Mutter sein, aber auch ein Verwandter, eine Arbeitskollegin, ein Lehrer oder ein Geistlicher. Es ist nicht wirklich so wichtig, wer diese Person ist, als vielmehr, wie sie ist – in jedem Fall aber sollten Sie sie gut genug kennen, um etwas über ihre Werte aussagen zu können.

Passen Sie einen Moment ab, in dem Sie sich ruhig und gelassen fühlen und eine halbe Stunde Zeit für sich haben.

Wenn Sie entspannt genug sind, wenden Sie sich in Gedanken allmählich Ihrem Vorbild zu. Welche Eigenschaften dieser Person beeinflussen Sie am stärksten? Welche davon bewundern Sie am meisten? Ist es die Aufrichtigkeit dieses Menschen? Sein Durchsetzungsvermögen? Seine liebevolle Art? Seine gute Laune? Integrität? Entschlossenheit? Respektlosigkeit?

Wenn Sie diese Eigenschaften nicht benennen, aber dafür *empfinden* können, was sie Ihnen bedeuten, dann reicht das vorerst aus. Um die richtigen Worte kümmern wir uns später.

Denken Sie an diese Person, bevor Sie mit dem nächsten Schritt fortfahren.

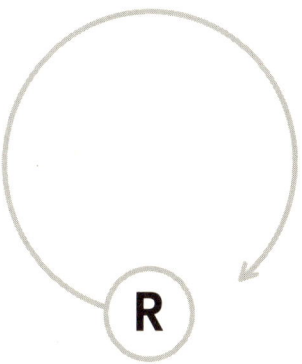

2. SCHRITT
Werfen Sie einen Blick auf die Listen

Nachdem Sie sich nun bereits mit einigen Werten anderer Menschen beschäftigt haben, die Sie bewundern oder von denen Sie beeinflusst wurden, kommen wir zum nächsten Schritt, bei dem wir diese Werte ein wenig konkretisieren werden. Dazu wollen wir uns überlegen, welche Werte es noch gibt.

Auf den folgenden Seiten finden Sie mehrere Listen, mit deren Hilfe Sie sich einen Überblick über weitere mögliche Werte verschaffen können. Sie sind alles andere als vollständig – weshalb Sie sie ohne Weiteres ganz nach Wunsch ergänzen dürfen. Wenn es Ihnen sinnvoll erscheint, können Sie gerne auch andere Begriffe oder längere Umschreibungen verwenden.

Als Erstes ist eine »Kleine Liste von Lebenswerten« dargestellt, eine Auswahl verschiedener Eigenschaften und Persönlichkeitsmerkmale. Manche Begriffe werden Ihnen mehr sagen, andere weniger. Vervollständigen Sie diese Liste ganz nach Ihrem Ermessen. Den Möglichkeiten sind dabei keine Grenzen gesetzt!

Als Zweites sehen Sie eine »Kleine Liste beruflicher Werte«. Wie der Name schon sagt, haben die hier genannten Begriffe mit der Arbeit zu tun – einem Bereich, der unser Leben in vielerlei Hinsicht prägt.

In beiden Fällen sind ausschließlich positive Werte in der Liste aufgeführt, obwohl man manche durchaus so oder so auffassen kann. Lesen Sie sich die Listen durch und markieren Sie einfach die Begriffe, die Sie spontan ansprechen. (Um sich Ihre Gedanken zu notieren, können Sie die Liste »20 Werte« auf Seite 61 verwenden. Die Bewertungsspalten »1, 2, 3, 4« brauchen Sie vorerst noch nicht zu beachten.)

Hinterfragen Sie die einzelnen Begriffe nicht allzu kritisch. Versuchen Sie nicht, sie so zu interpretieren, dass Sie auf jeden Fall für Sie zutreffen, oder nach einer festen Reihenfolge vorzugehen. Und was das Wichtigste ist: Versuchen Sie nicht zu ergründen, weshalb sie möglicherweise passen oder nicht passen; sehen Sie sich einfach nur die Liste durch und streichen Sie diejenigen an, die Ihnen zusagen. Wenn Ihnen keiner der Begriffe zusagt, dann macht das auch nichts – sie sollen lediglich als kleine gedankliche Anregung dienen.

Und vergessen Sie nicht: Nehmen Sie das Ganze nicht allzu ernst! Was wir hier machen, soll keine umfassende Analyse sein; vielmehr sollen Sie sich lediglich ganz entspannt selbst betrachten und sich überlegen, was Sie in Ihrem Leben antreibt.

Wählen Sie einfach zehn bis zwanzig Werte aus, von denen Sie das *Gefühl* haben, dass sie momentan für Sie von Bedeutung sind, und notieren Sie diese – das ist alles. Lassen Sie sich dabei von Ihrer Intuition leiten!

KLEINE LISTE VON LEBENSWERTEN

Anstand	Arglosigkeit	Aufgeklärtheit	Aufmerksamkeit
Aufrichtigkeit	Ausgeglichenheit	Barmherzigkeit	Bedachtheit
Bedeutsamkeit	Befähigung	Begeisterung	Beharrlichkeit
Berühmtheit	Bescheidenheit	Beständigkeit	Bestätigung
Bestimmtheit	Beziehungen	Bußfertigkeit	Charakterstärke
Charme	Dankbarkeit	Demut	Dienstbereitschaft
Disziplin	Durchhaltevermögen	Ebenbürtigkeit	Effizienz
Ehrerbietung	Ehrgeiz	Ehrlichkeit	Eifer
Eigenheit	Eigenständigkeit	Einfachheit	Einfühlungsvermögen
Einigkeit	Eintracht	Elan	Eleganz
Elitedenken	Empfindsamkeit	Engagement	Enthaltsamkeit
Entwicklung	Erfolg	Erfülltheit	Ergebenheit
Erkenntlichkeit	Ernsthaftigkeit	Fairness	Familiensinn
Feinfühligkeit	Fleiß	Flexibilität	Forschungsgeist
Freigebigkeit	Freisinn	Freude	Freundlichkeit
Freundschaft	Friedlichkeit	Fröhlichkeit	Führungsqualitäten
Fürsorglichkeit	Geduld	Gehorsam	Gelassenheit
Gelehrtheit	Gemächlichkeit	Gemütsruhe	Genügsamkeit
Genussfähigkeit	Geschicklichkeit	Geschmack	Gesundheit
Glaube	Glaubwürdigkeit	Großzügigkeit	Gründlichkeit

EBENE 1: Ihre Werte

Güte	Harmonie	Hartnäckigkeit	Heilkunst
Heiterkeit	Hilfsbereitschaft	Hingabe	Hoffnung
Höflichkeit	Humor	Idealismus	Individualität
Innovationsgeist	Inspiration	Integrität	Intelligenz
Intuition	Kompetenz	Konformität	Konkurrenz
Konservatismus	Kontrolle	Kreativität	Kritikfähigkeit
Lebenslust	Leidenschaft	Leistung	Leistungswille
Liebe	Logik	Loyalität	Macht
Mäßigung	Meisterhaftigkeit	Menschenliebe	Menschlichkeit
Miteinander	Mitgefühl	Muße	Mut
Nachgiebigkeit	Natürlichkeit	Neugier	Objektivität
Offenheit	Opferbereitschaft	Optimismus	Ordnungssinn
Pazifismus	Pflichtgefühl	Phantasie	Positives
Pragmatismus	Produktivität	Professionalität	Provokation
Rationalität	Realitätssinn	Rechtschaffenheit	Redegewandtheit
Reflexionsfähigkeit	Reichtum	Reife	Respekt
Respektlosigkeit	Risiko	Rücksicht	Ruhe
Ruhm	Sachlichkeit	Sanftheit	Schönheit
Selbstachtung	Selbstbeherrschung	Selbstbewusstsein	Selbstlosigkeit
Selbstwertgefühl	Seligkeit	Seriosität	Sicherheit
Siegesfreude	Sinnlichkeit	Skepsis	Sparsamkeit
Spiritualität	Sportsgeist	Spürsinn	Standhaftigkeit
Stärke	Stillschweigen	Taktgefühl	Talent
Tapferkeit	Tatkraft	Toleranz	Treue
Überlegenheit	Überschwang	Umsicht	Unabhängigkeit
Ungewöhnlichkeit	Ungezwungenheit	Unkompliziertheit	Unterstützung
Unverfälschtheit	Unvoreingenommenheit	Verantwortungsgefühl	Vergebung
Verlässlichkeit	Vernunft	Versöhnlichkeit	Verspieltheit

Verstandeskraft	Verständnis	Vertrauen	Vertrauenswürdigkeit
Vertrautheit	Verzichtbereitschaft	Vielseitigkeit	Vitalität
Voraussicht	Vornehmheit	Vortrefflichkeit	Vorurteilslosigkeit
Wagemut	Weisheit	Weitblick	Weitherzigkeit
Wertschätzung	Widerspruchsgeist	Willensstärke	Wissen
Wohlbefinden	Wohlstand	Wundertätigkeit	Würde
Würdigung	Zärtlichkeit	Zielstrebigkeit	Zufriedenheit
Zugehörigkeit	Zuneigung	Zusammenhalt	Zuversicht

KLEINE LISTE BERUFLICHER WERTE

Anschaffungen	Ausgeglichenheit	Bedeutsamkeit	Bescheidenheit
Effizienz	Ehrgeiz	Ehrlichkeit	Eigenheit
Eigenständigkeit	Einfachheit	Elan	Engagement
Entwicklung	Erfolg	Fairness	Familiensinn
Feinfühligkeit	Freude	Freundlichkeit	Freundschaft
Friedlichkeit	Führungsqualitäten	Gemütsruhe	Gesundheit
Großzügigkeit	Güte	Harmonie	Humor
Individualität	Kompetenz	Konformität	Kontrolle
Kreativität	Liebe	Loyalität	Macht
Miteinander	Muße	Neugier	Pragmatismus
Provokation	Respekt	Schönheit	Selbstachtung
Sicherheit	Spiritualität	Standhaftigkeit	Stärke
Überzeugungskraft	Umsicht	Unabhängigkeit	Verständnis
Vertrauen	Vertrautheit	Vortrefflichkeit	Weisheit
Wertschätzung	Willensstärke	Wissen	Wohlbefinden
Wohlstand	Würde	Zugehörigkeit	Zuversicht

20 WERTE

Wert	1	2	3	4
1.				
2.				
3.				
4.				
5.				
6.				
7.				
8.				
9.				
10.				
11.				
12.				
13.				
14.				
15.				
16.				
17.				
18.				
19.				
20.				

3. SCHRITT
Überarbeiten Sie Ihre Liste in aller Ruhe

Nachdem Sie sich die beiden Listen durchgelesen und einige der Begriffe notiert haben, von denen Sie sich angesprochen fühlen, stehen auf Ihrer Liste der »20 Werte« nun zwischen zehn und zwanzig Begriffe – ob es ein paar mehr oder weniger sind, spielt keine Rolle.

Jetzt geht es darum, dass Sie Ihre Liste möglichst zügig bewerten, ohne genauer über die einzelnen Begriffe nachzudenken, und sie auf einen etwas überschaubareren Umfang kürzen.

Dies sollte Ihnen eigentlich nicht allzu schwerfallen, denn einige der Begriffe werden optimal zu dem passen, was Sie bereits als Ihre Grundwerte vermuten, während Ihnen andere ein wenig übertrieben oder vielleicht sogar ganz abwegig vorkommen werden.

Wenn Sie zum Beispiel ein eher schüchterner oder aber ein bequemer Mensch sind, dann wäre es vermutlich nicht besonders sinnvoll, den Begriff »Wagemut« auf Ihrer Liste stehen zu lassen, ganz egal, wie sehr er Ihnen zusagt – es sei denn, Sie sind bereit, die dafür nötigen Veränderungen vorzunehmen. Empfehlenswerter ist es jedoch, sich auf das zu konzentrieren, was momentan in Ihrem Leben wichtig und auch möglich ist.

Bevor Sie fortfahren, sollten Sie also alle unzutreffenden Begriffe von Ihrer Liste streichen.

4. SCHRITT   *Spielen Sie mit den Worten*

In Ihrer Übersicht stehen nun rund zehn Begriffe, von denen Sie das *Gefühl* haben, dass sie derzeit für Sie irgendwie von Bedeutung sind. Im Folgenden wollen wir diesen Begriffen Leben einhauchen und die Liste, wenn nötig, ergänzen.

Zunächst einmal muss sie jedoch noch etwas genauer bearbeitet und in Ihre eigene Sprache übertragen werden. Ich werde Ihnen ein paar Tipps geben, wie Sie dabei vorgehen können.

Nehmen wir einmal an, Ihre Liste würde den Begriff »Friedlichkeit« enthalten. Er hat Ihnen spontan zugesagt, Sie hatten auch das *Gefühl*, dass er passt, aber jetzt sind Sie sich nicht ganz sicher, ob Sie den Begriff tatsächlich zu Ihren Grundwerten zählen sollen.

Offensichtlich gab es aber einen Grund dafür, weshalb Sie ihn in Ihre Liste aufgenommen haben – selbst wenn er für Sie nicht klar ersichtlich ist. Lassen Sie uns also ein wenig nachforschen, ob es bestimmte Aspekte der Friedlichkeit gibt, die Ihnen sinnvoll erscheinen.

Würde der Begriff für Sie mehr Sinn ergeben, wenn Sie daraus »Friedfertigkeit« machten? Oder »friedenstiftende Art«? Oder »Suche nach dem inneren Frieden«? Durch solche Erweiterungen des Begriffs stoßen Sie möglicherweise genau auf das Gefühl, nach dem Sie gesucht haben.

Oder nehmen wir an, auf Ihrer Liste steht der Begriff »Kompetenz«. Vermutlich ist Ihnen sehr wohl bewusst, wie wichtig es ist, kompetent zu sein, und vielleicht haben Sie auch das *Gefühl*, dass diese Eigenschaft entscheidend für Ihre Befindlichkeit ist, aber Sie sind sich nicht sicher, in welcher Weise Sie davon beeinflusst werden.

Nehmen wir uns den Begriff also vor und spielen ein wenig damit. Mal sehen, wohin uns das führt:

kompetent = gut sein in dem, was man tut
= versuchen, besser zu sein = sein Bestes geben

»Na klar!«, denken Sie sich. »Hieß es nicht schon immer, dass genau das besonders wichtig im Leben ist: Ganz gleich, was man tut, und egal, ob man letztlich gewinnt oder verliert – man sollte immer sein Bestes geben.«

Also schreiben Sie auf Ihre Liste anstelle von »Kompetenz« einfach das, was für Sie viel aussagekräftiger ist, nämlich »sein Bestes geben«.

Selbst wenn sich niemandem außer Ihnen selbst erschließen sollte, welche tiefere Bedeutung diesem Ausdruck beikommt, ist das völlig in Ordnung. Denn Sie allein sind es, der ihn verstehen muss! Solange er wiedergibt, was Sie empfinden, sind Sie auf dem richtigen Weg.

Und denken Sie auch bei diesem Schritt immer daran: Betrachten Sie das Ganze als ein Spiel!

5. SCHRITT
Bringen Sie Ihre Werte in eine Rangfolge

Nun sind wir so weit, dass wir die Begriffe und Ausdrücke aus Ihrer Übersicht etwas konkreter gestalten können.

Im Folgenden wollen wir versuchen, eine endgültige Liste mit vier oder fünf Werten oder Eigenschaften zu erstellen, von denen Sie behaupten können, dass sie Ihrem Leben eine Richtung geben – mit anderen Worten: Sie werden nun Ihre Grundwerte bestimmen.

Möglicherweise haben Sie das Gefühl, sie ohne große Mühe in eine Rangfolge bringen zu können. Wenn dem so ist, nur zu!

Die meisten Menschen tun sich damit allerdings nicht ganz so leicht. »Ist Ehrlichkeit wichtiger als Freigebigkeit?« »Ist Loyalität wichtiger als die Zufriedenheit mit dem, was man tut?«

Sollten auch Sie zu den eher unsicheren Kandidaten gehören, dann wird es Ihnen vermutlich helfen, Ihre Kategorien in mehreren kleinen Schritten zu ordnen.

Im ersten Schritt wenden Sie eine simple Formel an. Kennzeichnen Sie dazu die Werte auf Ihrer Liste einfach wie folgt:

1 = sehr wichtig
2 = relativ wichtig
3 = zeitweise wichtig
4 = nicht so wichtig

Wenn Ihre Liste von Anfang an eher kurz war, brauchen Sie nun wahrscheinlich nichts weiter zu tun. Sollten Sie sich jedoch immer noch nicht sicher sein, dann setzen Sie einfach noch einen weiteren Schritt um: Wählen Sie diejenigen Werte aus, die Sie mit »1« und »2« gekennzeichnet haben, und ordnen Sie sie einer der folgenden Kategorien zu (siehe hierzu auch die folgende Tabelle).

- »Unentbehrlich« – diese Werte bilden den Kern dessen, was Sie zurzeit denken und tun.

- »Derzeit wichtig« – diese Werte sind nicht ganz so wichtig wie die oben genannten.
- »Vielleicht später« – diese Werte sind wichtig, aber nicht unbedingt für Ihre derzeitige Situation. Sie können sie sich also auch später vornehmen.

MEINE WERTE

Unentbehrlich	Derzeit wichtig	Vielleicht später

Im Idealfall haben Sie nun eine Liste mit fünf unentbehrlichen Werten vor sich liegen – wenn Sie ein gutes Gefühl dabei haben, können es aber auch ein paar mehr oder weniger sein. Ganz egal, auf wie viele

Sie letztlich kommen: Mit dieser Liste werden Sie von jetzt ab für eine Weile arbeiten. Notieren Sie sich Ihre Werte.

Werte

Wenn Sie mit dieser Übersicht zufrieden sind, übertragen Sie die Begriffe in die unterste Zeile der Grafik »Meine Einflüsse« auf Seite 155.

Das ist alles.

Sollte dieser Prozess doch länger gedauert haben als ursprünglich gedacht, dann trösten Sie sich damit, dass Ihnen diese Liste in vielen Lebenssituationen von Nutzen sein kann, beispielsweise bei einem Jobwechsel, beim Umzug in eine andere Stadt oder wenn Sie mit Ihrem potenziellen Lebenspartner/Ihrer potenziellen Lebenspartnerin zusammenziehen, aber genauso in weniger existenziellen Fällen, wie zum Beispiel bei moralischen Fragen.

Und was noch besser ist: Die folgenden Schritte werden nun umso einfacher sein!

EBENE 2: Ihre Bedürfnisse

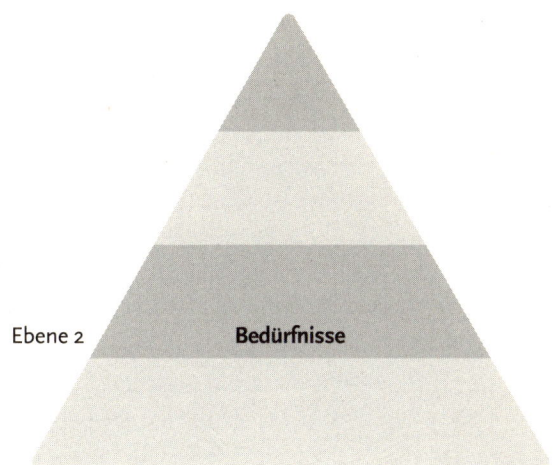

Was sind Ihre Bedürfnisse?

Jeder Mensch hat eine Reihe grundlegender menschlicher Bedürfnisse. Auch wenn verschiedene Wissenschaftler sie unterschiedlich definieren, geht es im Wesentlichen immer um dasselbe: Auf der einen Seite gibt es Bedürfnisse, die ausschließlich mit Ihrem Eigeninteresse zu tun haben (»ich«), auf der anderen Seite solche, die Sie und Ihre Rolle in einem größeren Zusammenhang betreffen (siehe die folgende Abbildung).

Diese Bedürfnisse sind *Grundbedürfnisse*. Dass sie Ihnen spontan als Erstes einfallen würden, ist damit allerdings noch lange nicht gesagt.

So wird Ihnen das körperliche Bedürfnis nach Obdach, wenn Sie in einem komfortablen Eigenheim wohnen, vermutlich nicht besonders relevant erscheinen – selbst wenn es auf unbewusster Ebene definitiv existiert. Umgekehrt aber könnte das Bedürfnis nach einem Dach über dem Kopf ganz oben auf Ihrer Liste stehen, wenn Sie und Ihre Familie plötzlich die Kündigung für Ihre Mietwohnung in die Hand gedrückt bekämen.

Vordringlicher als die körperlichen Bedürfnisse werden für Sie in der Praxis jedoch die psychischen – also emotionalen, geistigen und spirituellen – Bedürfnisse sein, die Herausforderungen des Alltags. Denken Sie ein wenig darüber nach, und Ihnen werden eine ganze Menge Themen einfallen, die Sie tagtäglich beschäftigen. Wenn Sie beispielsweise das Gefühl haben, nur zusammen mit einem Partner ein erfülltes Leben führen zu können, dann werden vermutlich Bedürfnisse wie »Liebe« oder »Beziehungen« Ihre Liste anführen.

EBENE 2: *Ihre Bedürfnisse* **71**

Wenn Sie gerade eine kaputte Ehe hinter sich haben, Ihnen der Job gekündigt wurde oder Sie all Ihre Ersparnisse durch eine unsolide Geldanlage verloren haben, dann wird für eine Weile wahrscheinlich ein Bedürfnis wie »Anerkennung« oder »Zärtlichkeit« stärker sein.

Ich in einem größeren Zusammenhang	Spirituell	Sinnsuche etwas bewegen anderen helfen der Umwelt nutzen
	Geistig	Selbstverwirklichung Anerkennung Bestätigung Selbstachtung Erfolgsstreben
Ich	Emotional	Liebe Beziehungen Zugehörigkeit Angenommensein Erholung
	Körperlich	Nahrung Obdach Schlaf Gesundheit Sex Sicherheit

Ihre Bedürfnisse brauchen nicht unbedingt durch allgemeingültige Begriffe wiedergegeben zu werden. Ich zum Beispiel habe das Bedürfnis, etwas Kreatives zu schaffen und zu kommunizieren – ein Leben ohne eine Möglichkeit, diese beiden Fähigkeiten auszuüben, wäre für mich kaum vorstellbar. Während ich allerdings von einem »Bedürfnis, kreativ zu sein« und einem »Bedürfnis, zu kommunizieren« spreche, würde jemand anderes vielleicht von einem »Bedürfnis nach persönlicher Entwicklung« oder einem »Leistungsbedürfnis« sprechen.

Was zählt, ist jedoch einzig und allein, dass die Beschreibungen für Sie persönlich eine Bedeutung haben.

Während Ihre Grundbedürfnisse immer existent sind, ändern sich Ihre dringendsten Bedürfnisse von einem Jahr aufs andere – zusammen mit Ihrer persönlichen Entwicklung, Ihrem Lebensweg, den Beziehungen, die Sie neu eingehen oder die Sie beenden, und dem, was Sie bei Ihren verschiedenen Aktivitäten erreichen oder versäumen. Daher sollten Sie diesen Teil des Prozesses auch in regelmäßigen Abständen wiederholen und Ihre Liste aktualisieren.

Nun aber heißt es zunächst, sich die fünf Bedürfnisse zu notieren, die Sie momentan am meisten beschäftigen.

EBENE 2: *Ihre Bedürfnisse* **73**

Bedürfnisse

Wenn Sie mit dieser Übersicht zufrieden sind, dann übertragen Sie die Begriffe in die dritte Zeile der Grafik »Meine Einflüsse« auf Seite 155.

EBENE 3: Ihre Verpflichtungen

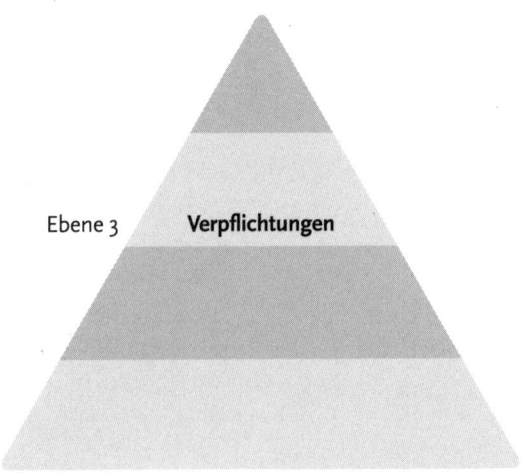

Ebene 3 — Verpflichtungen

Die Pflicht ruft

Verpflichtungen, Verantwortung ... Was ist das für manche von uns doch für eine Belastung! Sehen Sie sich nur einmal die folgende Aufzählung möglicher Verpflichtungen an:

EBENE 3: *Ihre Verpflichtungen*

- familiäre Verpflichtungen und Aufgaben
- Verpflichtungen in Ihrem Job
- persönliche Verpflichtungen
- berufliche Verpflichtungen
- Verpflichtungen innerhalb der Gemeinschaft
- moralische und spirituelle Verpflichtungen

Da fragt man sich doch, wohin das alles noch führen soll!

Beim Anfertigen der Listen mit Ihren Werten und Bedürfnissen haben Sie sich mit persönlichen Einflüssen befasst – also mit Dingen, die mit Ihnen zu tun haben. Nun werden wir äußere Einflüsse mit dazunehmen – Bereiche, in denen Sie für einen anderen, gelegentlich sogar für viele andere Menschen verantwortlich sind oder wo Sie dies zumindest annehmen.

Entsprechend der momentanen Phase Ihres Lebens wird das Erstellen einer solchen Liste mit Ihren aktuellen Verpflichtungen nur wenig Zeit in Anspruch nehmen.

Die Übersicht anschließend auf die fünf entscheidendsten Verpflichtungen oder Verantwortungsbereiche zu reduzieren, wird schon etwas länger dauern – aber auch nur unwesentlich.

Wenn Sie Ihre Liste so weit gekürzt haben, dass nur noch die fünf wichtigsten Punkte darauf enthalten sind, dann tragen Sie diese Verpflichtungen hier ein.

Verpflichtungen

Sind Sie zufrieden mit dieser Übersicht? Dann übertragen Sie die Begriffe in die zweite Zeile der Grafik »Meine Einflüsse« auf Seite 155.

EBENE 4:
Ihre Ziele, Ansprüche und Wünsche

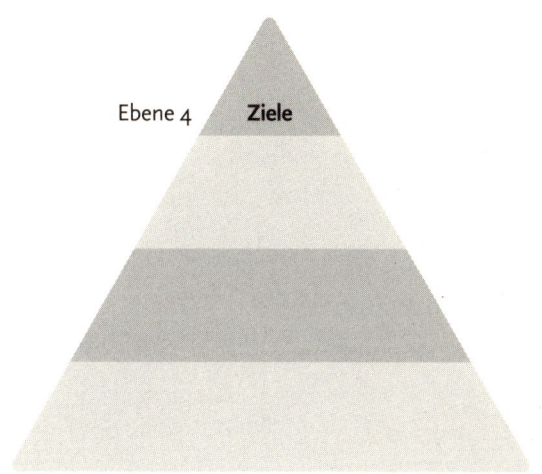

Was motiviert Sie derzeit?

Die oberste Ebene Ihrer Einfluss-Pyramide ist für Ihre Ziele, Ansprüche und Wünsche reserviert. (Der Unterschied zwischen diesen dreien beruht in erster Linie auf ihrem jeweiligen Zeitrahmen: Während Ansprüche meist langfristiger Natur sind, beziehen sich Ziele eher auf eine mittlere Zeitspanne; Wünsche wiederum setzen sofort an.)

Wäre die Welt ideal, dann würden sich Ihre Ziele, Ansprüche und Wünsche ganz automatisch aus dem ergeben, was Sie in der Grafik als Ihre Werte, Bedürfnisse und Verpflichtungen eingetragen haben.

Nehmen wir beispielsweise zwei solcher Werte – sagen wir »Verlässlichkeit« und »Führungsqualitäten«. Sie werden sehen, dass sich daraus auf ganz logische Weise Ihre Bedürfnisse, Verpflichtungen und Ziele ableiten lassen.

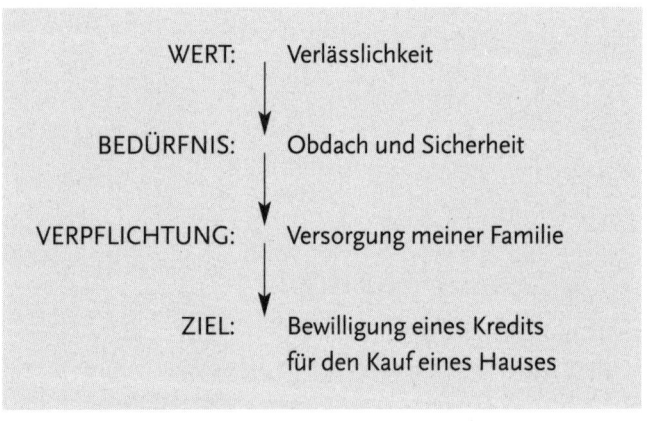

EBENE 4: Ihre Ziele, Ansprüche und Wünsche

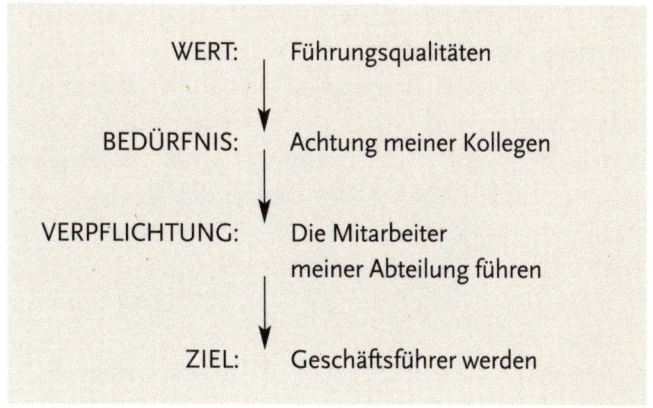

Wenn Sie mit etwas Unpersönlichem, wie zum Beispiel einem Unternehmen, zu tun haben, sind diese Zusammenhänge noch ziemlich klar erkennbar. Menschen jedoch funktionieren in der Regel nach komplexeren Prinzipien. Ihre Ziele und Ansprüche lassen sich nicht so einfach auf eine festgefügte Wertebasis zurückführen. Wenn Sie schon immer von einem Ferrari geträumt haben oder einmal für ein halbes Jahr in Italien leben wollten und sich erst dann zufriedengeben, wenn sich dieser Traum auch erfüllt hat, so sind das Ziele, die vielleicht auf Ihrer Liste genannt sein sollten – vielleicht. Haben Sie ein solches Ziel dann irgendwann erreicht, werden Sie es auf Ihrer Liste vermutlich durch ein völlig neues ersetzen.

Stellen Sie eine Übersicht derjenigen Dinge in Ihrem Leben zusammen, die Sie sich wirklich wünschen – und das sollte nichts sein, worüber Sie erst nachdenken müssen, sondern etwas, das Tag für Tag in Ihrem Bewusstsein präsent ist.

- Ist es ein materielles Ziel? Oder ein bestimmtes Erlebnis?
- Hat es mit einer Beziehung zu tun? Oder mit Geld?
- Hängt es mit Ihrem Beruf zusammen? Mit einer Sportart? Mit Ihrer Gesundheit? Ihrem gesellschaftlichen Umfeld?
- Geht es darum, gesünder zu leben? Oder etwas Großes im Leben zu erreichen?
- Ist es ein Projekt, das Sie abschließen möchten? Oder eine Prüfung, die Sie bestehen wollen? Eine Entscheidung, die Sie zu treffen haben?
- Ist es etwas, das Sie unbedingt brauchen, das Sie besitzen wollen?

EBENE 4: *Ihre Ziele, Ansprüche und Wünsche* **81**

Eine andere Möglichkeit, Ihre Prioritäten in eine Rangfolge zu bringen

Wenn Ihre Ziele nicht so klar umrissen sind, wie Sie sich das vielleicht erhofft haben, und Sie sich deshalb mit einer Reihenfolge schwertun, dann können Sie die Sache auch anders angehen: Ordnen Sie Ihre Ziele einfach chronologisch an. Hier ein Beispiel:

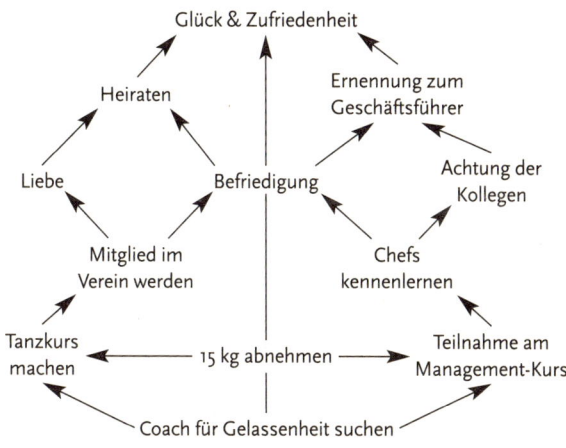

In diesem Beispiel würde Ihr oberstes Ziel – nämlich Glück und Zufriedenheit – aus vielen kleinen, leichter umsetzbaren Etappenzielen bestehen. Welche der Ziele Sie dann als Ihre wichtigsten auswählen, würde letztlich vom Zeitrahmen abhängen, der für Sie entscheidend ist: kurz-, mittel- oder langfristig.

Ganz gleich, welche dieser beiden Methoden Sie anwenden: Sie sollten Ihre Liste in jedem Fall auf die fünf wichtigsten Ziele reduzieren. Diese tragen Sie dann bitte hier ein:

Ziele

Wenn Sie mit dieser Übersicht zufrieden sind, übertragen Sie die Begriffe in die oberste Zeile der Grafik »Meine Einflüsse« auf Seite 155.

Das Fazit

Ihr Leben auf einem Blatt Papier

Wenn Sie die Grafik »Meine Einflüsse« auf Seite 155 kontinuierlich ergänzt haben, dann sollte nun eine höchst aufschlussreiche Übersicht vor Ihnen liegen.

Das ist Ihr Leben – Ihre Einflüsse, Ihre Grundwerte, Ihre besonderen Bedürfnisse, Ihre Verpflichtungen, Ziele und Ansprüche, fein säuberlich aufgelistet.

Die meisten Menschen reagieren beim Anblick ihrer fertigen Einfluss-Pyramide auf eine der drei folgenden Arten:

- Sie finden, dass das Ganze nichts weiter ist als ein Haufen abstrakter Begriffe.
- Sie sind davon überzeugt, dass die Übersicht tatsächlich ihre Beweggründe und Motivationen widerspiegelt.
- Sie sagen: »Das ist im Grunde nichts Neues für mich.«

Werfen auch Sie noch einmal einen Blick auf Ihre Einfluss-Pyramide und überlegen Sie sich, in welche dieser drei Kategorien Sie fallen.

Gehören Sie zur ersten Kategorie und finden, dass sie lediglich ein Haufen abstrakter Begriffe ist, dann machen Sie sich deswegen keine Sorgen. Wenn Sie sich wirklich Zeit für die Umsetzung der bisherigen Schritte genommen haben, dann wird Ihnen die tiefere Bedeutung dessen, was vor Ihnen liegt, schon bald klar werden.

Zählen Sie zur zweiten Kategorie und sind Sie davon überzeugt, dass die Grafik tatsächlich Ihre Beweggründe und Motivationen widerspiegelt, umso besser.

Sollten Sie sich der dritten Kategorie zuordnen, dann kennen Sie sich entweder besonders gut oder aber – und das ist wahrscheinlicher – es ist inzwischen einfach schon eine gewisse Vertrautheit mit den aufgeführten Begriffen entstanden. Da Sie sich im Lauf dieses Prozesses Schritt für Schritt durch die verschiedenen Ebenen gearbeitet haben, ist es für Sie nun keine Überraschung mehr, wenn Sie die Begriffe, mit denen Sie sich dabei befasst haben, schließlich so komprimiert vor sich sehen. Denken Sie jedoch zurück und versuchen Sie sich vorzustellen, wie Sie vermutlich noch vor wenigen Tagen reagiert hätten, wenn Sie jemand nach Ihren Grundwerten und Bedürfnissen gefragt hätte. Sie sehen, wie weit Sie seitdem gekommen sind!

Die Übersicht mit Ihren Einflüssen soll nun die Grundlage werden, mit der Sie arbeiten, wenn Sie den kleinen Lebenskompass einsetzen.

Wenn sich Ihre Bedürfnisse, Verpflichtungen, Ziele und Ansprüche später einmal ändern sollten oder Sie sich einen neuen – kürzer- oder längerfristigen – Zeitrahmen dafür setzen, steht es Ihnen frei, diese Übersicht zu aktualisieren. Für den Augenblick jedoch bringt sie Ihr Leben auf den Punkt.

In der nun abgeschlossenen Phase
des kleinen Lebenskompasses haben Sie sich
die Grundlagen erarbeitet.

- Sie haben eine klarere Vorstellung von Ihren Grundwerten.
- Sie haben herausgefunden, was Ihre dringendsten Bedürfnisse sind.
- Sie haben Ihre Verantwortungsbereiche und Verpflichtungen in eine Rangfolge gebracht.
- Auch Ihre Ziele und Wünsche sind nun vermutlich enger an den genannten Aspekten ausgerichtet.

Jetzt ist es an der Zeit, mit Hilfe dieser
Informationen auch die Prioritäten in Ihrem Leben
in eine Reihenfolge zu bringen.

Der kleine Lebenskompass

PHASE 2

Beginnen wir mit dem vergnüglichen Teil

> Am Ende diese Phase wird eine Liste der Prioritäten in Ihrem Leben vor Ihnen liegen –
> wahrscheinlich nicht mehr als vier oder fünf –,
> und zwar geordnet nach Ihrer Wichtigkeit.

Okay, den anstrengenden Teil haben wir nun hinter uns. Wie so oft beim Schaffen von Grundlagen verwendet man eine Menge Zeit darauf, alles so gründlich wie möglich zu machen, und dann stellt sich am Ende heraus, dass das Resultat nichts weiter ist als ... nun ja, eben eine Grundlage.

Doch wie bei allen Unterfangen im Leben gilt auch hier: Je besser die Vorbereitung ist, umso einfacher wird es sein, etwas wirklich Großes daraus zu machen. Und weil es hier immerhin um Ihr Leben geht – ja, Sie haben richtig gelesen: Ihr ganzes Leben –, werden Sie bestimmt zugeben, dass es sich gelohnt hat, nicht die Abkürzung zu nehmen.

Bei der Erstellung der Übersicht mit Ihren Einflüssen war verstärkt Ihre linke Gehirnhälfte – das strukturierte, logische und analytische Denken – gefordert. Jetzt ist es Zeit, sich der vergnüglichen Phase zuzuwenden.

Sie werden sich freuen zu hören, dass dieser Teil von seiner Art her eher der rechten Gehirnhälfte entspricht: Er ist entspannt, intuitiv, imaginativ und flexibel. Jetzt ist Fantasie angesagt! Es gibt dabei keine strengen Regeln – außer der einen: Entspannen Sie sich, genießen Sie die Erfahrung und lassen Sie alles geschehen, was geschehen wird.

Entspannen Sie sich und lassen Sie los

Warum ist für diese zweite Phase eine solche gelassene Haltung erforderlich? Weil es auf diese Weise zum einen mehr Spaß macht und zum anderen mehr bringt. Das hängt damit zusammen, wie Ihr Gehirn funktioniert.

Einige der stärksten Einflüsse in Ihrem Leben wirken im Unterbewussten. Sie leiten Sie, hemmen Sie oder prägen Ihre Vorlieben und Abneigungen, ganz ohne dass Sie davon etwas mitbekommen oder womöglich sogar verstehen, weshalb sie so wirken.

Paradoxerweise sind diese Einflüsse jedoch umso schwieriger wahrnehmbar, je mehr Sie sich auf sie konzentrieren und sie zu erkennen versuchen.

Im Allgemeinen neigen wir dazu, beim Nachdenken über solche Dinge unsere rationale linke Gehirnhälfte zu bemühen. Dies ermöglicht uns einen genauen Einblick in die Vorgänge. Für die meisten unserer täglichen Aktivitäten mag das ja in Ordnung sein, doch um mit seinem »inneren Ich« in Verbindung zu treten oder größere Zusammenhänge zu begreifen, ist dieses Vorgehen fast gänzlich ungeeignet.

Wenn Sie dagegen *emotional* wahrnehmen, was um Sie herum geschieht, und wichtige Entscheidungen oder Situationen von großer Tragweite als solche erkennen, dann bedienen Sie sich dabei in der Regel Ihrer rechten Gehirnhälfte – und damit eines intuitiven, imaginativen, ganzheitlichen Denkens.

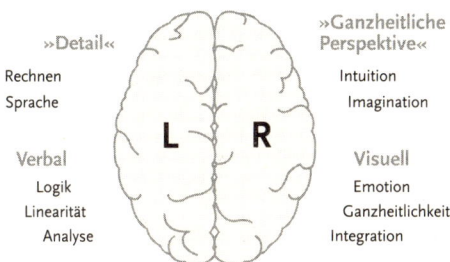

Ihr emotionaler Zustand entscheidet mit darüber, welche Gehirnhälfte bevorzugt eingesetzt wird. Fühlen Sie sich nervös und angespannt, ist automatisch eher Ihre linke Gehirnhälfte gefordert, die über Details, Zahlen, Wörter, Analysen und Logik funktioniert. Wenn Sie dagegen ruhig und entspannt sind, kommt in der Regel die rechte Gehirnhälfte zum Zug, Sie denken also imaginativ, intuitiv und ganzheitlich.

> Je entspannter Sie sind, umso eher befinden Sie sich in Einklang mit Ihrem Unterbewusstsein.

Versuchen Sie sich nun zu entspannen. Machen Sie sich ganz locker, und Ihre Gedanken werden zur Ruhe kommen. Lassen Sie Ihrer Fantasie freien Lauf! Vielleicht möchten Sie sich von ihr ja an irgendeinen wundervollen Ort entführen lassen oder sich ein angenehmes Erlebnis vorstellen? Sie werden merken, wie sich Ihr Denkmuster verändert. Ihr Denken wird gelöster, sinnlicher, ganzheitlicher.

Entspannen Sie sich und Sie werden spüren, wie Sie immer stärker in Einklang mit dem stehen, was für Ihr Leben als Ganzes entscheidend ist.

Entspannen Sie sich, und Sie werden einen intensiveren Zugang zu Ihrer Intuition und Ihren instinktiven Gefühlen haben. Je entspannter Sie sind, umso besser.

Die Essenz Ihrer Einfluss-Pyramide

Wahrscheinlich glauben Sie jetzt, dass die Übersicht mit den Einflüssen in Ihrem Leben entscheidend für die letzte Phase des kleinen Lebenskompasses ist, weil Sie so viel Zeit darauf verwendet haben, sie zu erstellen.

Tatsächlich wird die Einfluss-Pyramide eine gewisse Rolle spielen, aber keine entscheidende. Tut mir leid. Sie sollte Ihnen lediglich dabei helfen, sich mit Ihren Werten, Bedürfnissen, Verpflichtungen und Zielen zu befassen; wenn Sie die Übersicht vollständig ausgefüllt haben, dann haben Sie genau das nach bestem Können getan. Bevor wir nun zum nächsten Schritt kommen, brauchen Sie die Ergebnisse der vorangegangenen Schritte also nur noch einmal kurz zu überfliegen.

Nehmen Sie sich jetzt ein paar Minuten Zeit, um sich die Zusammenfassung noch einmal vorzunehmen. Und ganz egal, auf welche Weise Sie das tun: Bleiben Sie dabei immer schön entspannt. Sie brauchen sich nichts einzuprägen – sehen Sie sich die einzelnen Begriffe einfach nur an, und wenn es sich ergibt, dann nehmen Sie ihre Bedeutung in sich auf.

> Die Grafik »Meine Einflüsse« ist lediglich eine Hilfestellung für Ihr Unterbewusstsein. Sie brauchen sie weder zu analysieren noch zu verstehen.

Irgendwann in der Zukunft

Betrachten Sie die folgenden vier Übungen als gleichwertige Auswahl – suchen Sie sich eine davon aus, die Ihnen spontan zusagt, oder probieren Sie sie alle vier aus. Entscheidend ist, dass Sie für sich eine finden, die Ihnen in Ihrer derzeitigen Situation passend erscheint.

Alle Übungen bedienen sich einer Strategie, die Sie imgrunde von Kindesbeinen an perfektioniert haben: der Fähigkeit, so zu tun als ob, Ihre Fantasie zu nutzen, dem »Hier und Jetzt« zu entfliehen und sich an einen

Ort in ferner – oder eigentlich gar nicht mehr allzu ferner – Zukunft zu begeben.

Warum wir uns den Kräften der Fantasie zuwenden anstatt denen des Verstandes?

Eine der Geisteshaltungen, denen wir im Arbeitsleben am häufigsten begegnen, ist eine, die Intuition und Bauchgefühle ablehnt und nur auf dem basiert, was wir als harte Fakten und Zahlen betrachten: Dinge, die wir mit unseren Sinnen erfassen können, die wir sehen können und von denen wir hören oder lesen.

Das ist ein nachvollziehbares Verhaltensmuster all jener Menschen, bei denen eher von der linken Gehirnhälfte geprägte Denkweisen und Aktivitäten vorherrschen, so wie es im normalen Arbeitsalltag häufig der Fall ist.

Leider ist diese Denkweise aufgrund ihres engen Blickwinkels jedoch sehr eingeschränkt. Wenn Sie sich wirklich eine Vorstellung von einem umfassenden Konzept machen wollen – und nichts anderes ist die Frage nach dem, was Sie als Mensch ausmacht –, dann müssen Sie Ihr *gesamtes* geistiges Potenzial nutzen. Das erreichen Sie, indem Sie von der Fixierung auf harte Fakten und Zahlen Abstand nehmen und damit beginnen, neben Ihrer linken auch die rechte Gehirnhälfte zu beanspruchen.

Jede der folgenden Übungen ist so angelegt, dass sie Sie in Ihrer bequemen Welt der linken Gehirnhälfte abholt und in die aufregenden Gefilde der rechten Gehirnhälfte, der Fantasie, der Gefühle und der Einbildung, entführt. Hier sind Sie weniger von den Bedürfnissen und Verpflichtungen des Alltags eingeengt und finden leichter Zugang zu den Gefühlen und Motivationen, die Sie prägen, für Sie aber nicht unbedingt unmittelbar ersichtlich sind.

Zunächst befinden Sie sich noch in einem konzentrierten geistigen Zustand, der von der linken Gehirnhälfte bestimmt ist.

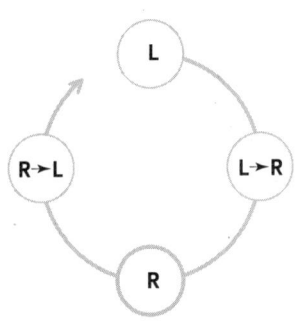

Entspannen Sie sich und nutzen Sie Ihre Fantasie, um allmählich zu einem Denken zu wechseln, das von der rechten Gehirnhälfte geprägt ist. Irgendwann sind Sie dann vollkommen locker und vertrauen ganz auf Ihre Intuition.

Dann kehren Sie zum Ausgangszustand zurück. Auf diese Weise wird Ihnen bewusst, was Sie mit der Übung erreicht haben.

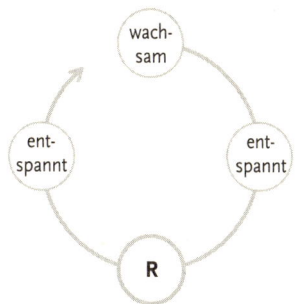

Vielleicht fällt Ihnen die Übung leichter, wenn Sie den Vorgang etwas anders betrachten.

Stellen Sie sich den ganzen Prozess als ein fließendes Kontinuum vor, einen Kreislauf, in dem Sie sich allmählich von einem wachen, konzentrierten Zustand zu einem der vollkommenen Entspannung und Ruhe (R) bewegen. Dann kehren Sie wieder an Ihren Ausgangspunkt zurück.

Das heißt also, Sie bewegen sich

- von einem wachen, von der linken Gehirnhälfte bestimmten Zustand, in dem Sie analysieren, bewerten, prüfen,
- in einen zunehmend entspannten Zustand, in dem Sie beginnen, sich im Geiste mit allem anderen als dem zu befassen, was Sie eben noch beschäftigt hat,
- und weiter in einen von der rechten Gehirnhälfte geprägten Zustand, wo Sie alles um sich herum vergessen und sich womöglich sogar in Ihren Fantasien

oder irgendeiner zerstreuenden Beschäftigung verlieren,
- dann wieder in einen etwas konzentrierteren Zustand, in dem Ihnen Ihre Gefühle und Eindrücke bewusst werden,
- und schließlich zurück in den ursprünglichen, von der linken Gehirnhälfte beeinflussten Zustand, in dem Sie Ihre Eindrücke analysieren und bewerten.

Um das Genannte in die Praxis umzusetzen, brauchen Sie nur den folgenden fünf Schritten zu folgen:

1. Sehen Sie sich 60 Sekunden lang die Grafik »Meine Einflüsse« (Seite 155) an.
2. Gestatten Sie sich eine kurze Entspannungspause.
3. Begeben Sie sich an einen imaginären Ort.
4. Akzeptieren Sie jede Antwort.
5. Verschieben Sie die Bewertung auf später.

Prägen Sie sich diese Schritte gut ein: Sie sind für die meisten der nachfolgenden Übungen entscheidend.

1. Sehen Sie sich 60 Sekunden lang die Grafik »Meine Einflüsse« an

Werfen Sie einen kurzen Blick auf die Grafik mit Ihren Einflüssen (Seite 155). Lassen Sie die Begriffe etwa eine Minute lang auf sich wirken, jedoch ohne sie auszusprechen oder sie sich auf andere Weise einzuprägen.

Dann legen Sie die Grafik beiseite. Von jetzt an werden wir sie nicht mehr benötigen.

2. Gestatten Sie sich eine kurze Entspannungspause

Wie vorhin schon erwähnt, sind diese Übungen so konzipiert, dass sie in einem möglichst entspannten Zustand durchgeführt werden sollten. Nehmen Sie sich also zunächst eine halbe Stunde Zeit – oder auch mehr, wenn es länger dauern sollte, bis Sie wirklich entspannt sind – und machen Sie es sich gemütlich.

Setzen Sie sich unter einen schönen großen Baum. Oder lassen Sie sich ein heißes Bad ein. Oder kuscheln Sie sich einfach in einen bequemen Sessel. Halten Sie zudem einen großen Schreibblock und einen Bleistift bereit, während Sie sich entspannen.

Wie dieser Schritt genau abläuft, bleibt Ihnen überlassen. Sie brauchen sich auf nichts Bestimmtes vorzubereiten und über nichts nachzudenken. Gestatten Sie sich einfach den Luxus, zur Ruhe zu kommen, zu entspannen und loszulassen.

3. Begeben Sie sich an einen imaginären Ort

Nun kommt eine Phase der Muße – eine Zeit des Genießens und der Fantasie, die nichts anderes zum Ziel hat als die größtmögliche Freude und Entspannung.

Wenn Sie zu den Menschen gehören, die sagen: »Ich habe keine Fantasie« – kein Problem: Die Übungen funktionieren trotzdem.

An diesem imaginären Ort gibt es nichts, woran Sie denken müssten, nichts, was Sie zu arbeiten oder zu leisten bräuchten. Es ist einfach nur eine erholsame, angenehme Auszeit. Genießen Sie sie!

Wenn Sie das Gefühl haben, entspannt genug zu sein und an nichts Bestimmtes mehr zu denken, lassen Sie Ihre Gedanken zu den Dingen abschweifen, die Ihnen wichtig sind. (Die folgenden Übungen werden Ihnen dabei helfen.)

Das können Dinge sein, an die Sie vielleicht schon seit Jahren nicht mehr gedacht haben, weil Sie so beschäftigt sind, die aber früher einmal wichtig für Sie waren. Oder es ist etwas, das Sie vernachlässigt haben, weil Sie sich auf andere, dringendere Dinge konzentrierten. Oder es sind Eigenschaften, die Sie schon immer an anderen Menschen bewundert haben und auch bei sich selbst fördern wollten.

Denken Sie über die folgenden Fragen nach, jedoch ohne dabei allzu systematisch vorzugehen.

- Was ist Ihnen in Ihrem Leben am meisten wert?
- Was verleiht Ihrem Leben einen Sinn?
- Was macht Ihre Arbeit sinnvoll?
- Auf welche Aspekte Ihres Lebens oder Ihrer Arbeit sind Sie stolz?
- Was macht Ihnen am meisten Spaß oder verschafft Ihnen eine besondere Befriedigung?
- Welche Eigenschaften oder Werte anderer Menschen bewundern Sie am meisten und würden Sie gerne auch bei sich wiederfinden?
- Wenn Sie alle Zeit der Welt hätten, welche Ihrer Eigenschaften würden Sie dann gerne weiterentwickeln und perfektionieren?

Wenn Sie lieber etwas strukturierter denken, versuchen Sie, anhand einer »Entscheidungsliste« vorzugehen. Stellen Sie sich eine Übersicht zusammen, die ähnlich wie die folgende aussehen könnte, und ordnen Sie dann die verschiedenen Aussagen entsprechend der Bedeutung, die sie für Sie haben.

- Ich war beruflich erfolgreich.
- Ich habe mit meiner Arbeit eine Menge Geld verdient.
- Ich hatte eine berufliche Spitzenposition.
- Ich habe anderen geholfen und sie an meinem Glück teilhaben lassen.
- Ich habe es bis zum Geschäftsführer gebracht.
- Ich habe ein fantastisches Haus und ein teures Auto besessen.
- Ich habe meine Freundschaften gepflegt.
- Ich habe die schönsten Momente meines Lebens mit meiner Familie verbracht.
- Ich habe mir Zeit für meine Partnerschaft genommen.
- Ich habe anderen beigebracht, wie sie ihre Fähigkeiten zur Vollendung bringen können.
- Ich habe wunderbare Urlaubsreisen unternommen.
- Ich habe viel gelernt, was nichts mit meiner Arbeit zu tun hatte, aber mein Leben dennoch bereichert hat.

- Ich habe jeden Tag meines Lebens als Abenteuer empfunden.
- Ich habe ein Buch geschrieben/ein Haus gebaut/ Geigespielen gelernt/die Welt umsegelt/einen Doktortitel erworben.
- Ich habe auf meine Gesundheit geachtet.
- Ich habe jede freie Minute mit meinen Kindern verbracht, als sie klein waren.

Und jetzt machen Sie sich ganz locker und lassen zu, dass Sie noch entspannter werden.

4. Akzeptieren Sie jede Antwort

Ist Ihnen eigentlich schon einmal aufgefallen, dass einem, wenn man wirklich entspannt und gelassen ist und an nichts Bestimmtes denkt, plötzlich unendlich viele gute Einfälle kommen? Von allen Seiten scheinen sie auf einen niederzuprasseln!

Dieses Phänomen ist eine ganz natürliche Begleiterscheinung des Entspannungszustandes, der von der rechten Hirnhälfte geprägt ist. Wir werden uns diese einzigartige Fähigkeit zunutze machen, um Ihre unterbewussten Gedanken ans Tageslicht zu bringen.

Dazu ist entscheidend, dass man sie, wenn sie auftauchen, möglichst nicht bewertet. Das erfordert zwar ein wenig Disziplin – vor allem, wenn man glaubt, gerade eine besonders gute Idee zu haben –, doch es ist unerlässlich.

Schreiben Sie daher einfach alles auf, was Ihnen dabei durch den Kopf geht – halb ausgegorene Ideen, vollendete Einfälle, Wörter, Bilder, Sätze – einfach alles. Die Worte, die Sie dafür verwenden, mögen Ihnen auf den ersten Blick nicht besonders sinnvoll erscheinen, aber notieren Sie sie nichtsdestotrotz. Vielleicht fällt es Ihnen aber auch leichter, stattdessen ein paar flüchtige Kritzeleien oder Skizzen zu machen. Kein Problem – Hauptsache, Sie halten alles fest und verschwenden vorerst noch keinen weiteren Gedanken daran.

Das Ziel sollte nicht sein, irgendetwas von dem, was Ihnen einfällt, aufzubereiten oder als unpassend abzutun, sondern nur, es für eine spätere Bewertung zu dokumentieren.

Wenn Sie glauben, zu denjenigen Menschen zu gehören, die sich das Aufbereiten und Analysieren ihrer Gedanken nicht verkneifen können, dann versuchen Sie es mit der folgenden simplen Übung: Wir nennen sie »Ja ... Und«.

Nehmen wir an, Sie haben plötzlich ein ganz ungewöhnliches Bild vor Augen: »Ich habe ein Spiderman-Kostüm an!« Anstatt dieses Bild zu bewerten, sich zu fragen, was es damit auf sich hat, oder es sofort beiseitezuschieben, verwenden Sie einfach die Formel »Ja, ich habe ein Spiderman-Kostüm an. Und ...«. Dann gehen Sie zum nächsten Gedanken über. Auf diese Weise bewegen Sie sich immer weiter und bleiben offen für neue Ideen.

5. Verschieben Sie die Bewertung auf später

Die Phase der Muße ist nun vorbei. Sie haben sich entspannt, sich mit ein oder zwei Fantasievorstellungen zerstreut und alle Gedanken notiert, die Ihnen dabei in den Sinn gekommen sind.

Jetzt ist es Zeit, diese Gedanken zu bewerten. Sie können jederzeit damit anfangen.

Es ist ein relativ unkomplizierter Prozess und wahrscheinlich der Schritt, den Sie noch am logischsten finden – ein recht sachlicher Vorgang, der von Ihrer linken Gehirnhälfte bestimmt ist. Sehen Sie sich einfach alles an, was Sie auf Ihrem Blatt Papier notiert haben, und fragen Sie sich: »Was bedeutet das? Was will mir mein Unterbewusstsein damit sagen?«

In vielen Fällen werden Sie die Antwort auf diese Fragen schon explizit vor sich liegen haben, womit die Aufgabe erledigt wäre.

Manchmal jedoch werden Ihnen einzelne Begriffe oder Ausdrücke, die Ihnen durch den Kopf gegangen sind, rätselhaft oder sogar widersinnig vorkommen. Vielleicht sind sie es auch, aber dennoch besteht immer die Möglichkeit, dass sie Hinweise auf wichtige Gefühle und Motivationen enthalten, die in Ihrem Unterbewusstsein vorhanden sind.

Wenn dem so ist, dann besteht die Herausforderung darin, sie zu deuten und zu überprüfen, wohin sie führen. Das können Sie gleich, aber genauso gut auch zu einem späteren Zeitpunkt tun.

Die fünf Schritte

Hier finden Sie also die fünf Schritte, nach denen alle Übungen auf den folgenden Seiten funktionieren:

1. Sehen Sie sich 30 Sekunden lang die Grafik »Meine Einflüsse« (Seite 155) an.
2. Gestatten Sie sich eine kurze Entspannungspause.
3. Begeben Sie sich an einen imaginären Ort.

4. Akzeptieren Sie jede Antwort.
5. Verschieben Sie die Bewertung auf später.

Suchen Sie sich nun eine der Übungen aus und probieren Sie, wie sich die fünf Schritte umsetzen lassen.

Suchen Sie sich eine Übung aus

> Die folgenden Übungen spielen sich rein in der Fantasie ab. Wenn Sie glauben, zu den Menschen zu zählen, die keine Fantasie haben oder Mühe, sich etwas vorzustellen, machen Sie sich deswegen keine Gedanken. *Tun Sie einfach so*, als würden Sie diese Rolle spielen, und es wird funktionieren! Ganz egal, wie oberflächlich dieses Täuschungsmanöver auch sein mag: Es wird die erwünschte Wirkung auf Ihr Unterbewusstsein haben.

Sie können zwischen vier verschiedenen Übungen wählen. Um das zu erreichen, was Sie sich vorgenommen haben, brauchen Sie nur eine davon, aber wenn

Sie möchten, können Sie natürlich gerne auch mehrere ausprobieren.

Jede Übung ist von ihrer Intention und Wirkungsweise her wieder etwas anders angelegt. Daher werden sie Sie – je nach Ihrem Persönlichkeitstyp – auch in unterschiedlichem Maße ansprechen.

Die Übungen sollen polarisieren: Wenn eine davon Ihnen zusagt, jemand anderem jedoch befremdlich oder unsinnig vorkommt, so ist das durchaus beabsichtigt. Entscheiden Sie einfach danach, bei welcher Übung Sie sich wohlfühlen, dann werden Sie die richtige wählen.

Jede Übung bezweckt zweierlei:

- Sie soll Ihnen helfen, das, was Sie momentan über sich »wissen«, zu vertiefen – das heißt, Sie aufnahmefähiger sowohl für unbewusste als auch bewusste Einsichten machen.
- Sie soll die sehr wohl vorhandenen (aber nicht immer ganz leicht erkennbaren) Einflüsse Ihres Egos abmildern.

Je nach Ihren besonderen Bedürfnissen und Ihrer Persönlichkeit sind entweder die von Ihrem Unterbewusstsein oder die von Ihrem Ego bestimmten Vorgänge maßgeblicher für Sie. Lassen Sie sich einfach davon leiten, was sich richtig *anfühlt* – selbst wenn dies auf einer sehr oberflächlichen Ebene geschieht.

Am Ende Ihrer Tage

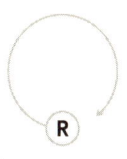

Für die folgende Übung benötigen Sie eine halbe Stunde Zeit. Nachdem Sie sich kurz die Übersicht mit Ihren Einflüssen angesehen haben, ziehen Sie sich an einen ruhigen Ort zurück, wo Sie nicht gestört werden. Am besten suchen Sie sich irgendwo ein sonniges Fleckchen draußen im Freien, aber genauso gut funktioniert es auch anderswo. Sie brauchen außerdem eine Decke, einen großen Schreibblock und einen Bleistift.

Ziel dieser Übung ist, sich vorzustellen, wie es sein wird, wenn Sie einmal alt sind und Ihrem Lebensende entgegengehen. Was wird Sie dann beschäftigen? Achten Sie darauf, dass diese Vorstellung keinen tristen oder kläglichen Beigeschmack bekommt, sondern sehen Sie es als eine positive Phase Ihres Lebens, in der Sie glücklich und zufrieden sind, weil Sie von dem, was Sie erreichen wollten, das meiste auch erreicht haben.

Um Ihrem Unterbewusstsein etwas nachzuhelfen, können Sie die Rolle ein wenig ausbauen: Legen Sie sich die Decke auf den Schoß und die eine runzlige Hand in die andere und stellen Sie sich vor, Sie hätten nichts anderes zu tun, als sich einfach nur zurückzulehnen und die Sonne zu genießen.

Gönnen Sie sich ein paar Minuten Entspannung und gewöhnen Sie sich an den luxuriösen Gedanken, Unmengen freier Zeit zur Verfügung zu haben.

Schließen Sie die Augen und lassen Sie Ihrer Fantasie freien Lauf. Versuchen Sie, sich wirklich in diese Rolle hineinzuversetzen, ganz egal, wie alt Sie jetzt sind. Stellen Sie sich vor, wie es sich anfühlt, wenn Sie ganz für den Augenblick leben ... ohne irgendwelche Pläne oder Verpflichtungen ... voll und ganz zufrieden damit, einfach nur in aller Ruhe dazusitzen und einen Blick zurück auf das Leben zu werfen, das Sie geführt haben.

Schauen Sie zurück auf Ihr Leben. Denken Sie darüber nach, was Sie glücklich und zufrieden gemacht hat.

Was war besonders wichtig für Sie? War es Ihr beruflicher Erfolg? Der Wohlstand, den Sie sich erarbeitet haben? Die Beziehungen und Freundschaften, die Sie erleben durften und noch immer erleben? Die Tatsache, dass Sie die besten Momente mit Ihren Kindern, mit Ihrem Partner oder Ihrer Partnerin verbracht haben?

Dass Sie bei allem, was Sie angepackt haben, immer das Bestmögliche erreicht haben? Dass Sie anderen geholfen haben? Dass Sie in der Welt, in Ihrem Umfeld, Ihrer Familie oder bei Freunden auf irgendeine Weise etwas bewirken konnten? Was ist heute wichtig für Sie?

Schreiben Sie alles auf, was Ihnen in den Sinn kommt – jeden einzelnen Gedanken. Später werden wir sie uns genauer ansehen.

Betrachtung aus der Ferne

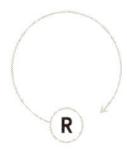

Für diese Übung brauchen Sie eine halbe Stunde Zeit. Werfen Sie einen kurzen Blick auf die Übersicht mit Ihren Einflüssen und ziehen Sie sich an einen ruhigen Ort zurück, wo Sie nicht gestört werden. Legen Sie außerdem einen großen Schreibblock und einen Bleistift bereit. Der Ort, den Sie aufsuchen, kann durchaus auch Ähnlichkeit mit dem Szenario haben, in das Sie sich gleich hineinversetzen werden: ein Platz am Wasser, in der freien Natur, im kühlen Schatten eines Baumes ...

Bei dieser Übung geht es darum, sich vorzustellen, Sie befänden sich an einem Ort, an dem es keinerlei Ablenkungen gibt – keine Termine, keine Verpflichtungen und niemanden, der einen kritisiert oder den man beeindrucken muss. Zum Beispiel ...

- auf einem Segelboot draußen in der Unendlichkeit des Ozeans, mehrere Tage von jeder Küste entfernt, bei herrlichem Wetter und ganz ohne Pläne oder Ziele.
- mitten in den endlosen Weiten der Arktis, der Sahara, des australischen Outback, des Grand Canyon, keine Menschenseele im Umkreis von Kilometern, völlige Stille, optimales Wetter.
- auf dem Gipfel eines Berges, einen sanften warmen Wind im Gesicht, umgeben von einem majestätischen Panorama.
- an einem abgelegenen Strand einer Tropeninsel mit glitzerndem Sand, einer üppigen Fülle von Früchten und dem sanften Plätschern der Wellen im Ohr.

Lassen Sie Ihren Blick in die Ferne schweifen und unscharf werden. Sie sind gelöst, alle Anspannung fällt von Ihnen ab. Wo immer dieser imaginäre Ort auch sein mag, Sie fühlen sich dort zu Hause. Es geht Ihnen gut, Sie sind sicher und es ist für all Ihre Bedürfnisse gesorgt.

Wenn Sie sich vorstellen können, wie es an diesem Ort ist – weit fort von allen Belastungen und Ablenkungen des Alltags, losgelöst von dem, was die Welt über Sie denken mag und wie Sie sich ihr sonst darstellen –, dann wenden Sie Ihre Gedanken allmählich sich selbst zu – dem *Kern* Ihres Wesens.

Welche Dinge, Erfahrungen, Errungenschaften oder Menschen geben Ihnen ein Gefühl von Glück, Zufriedenheit und Erfüllung? Welche Aspekte Ihres Lebens sind momentan für Sie am wichtigsten? Ist es der berufliche Erfolg? Die Größe Ihres Hauses oder welche Automarke Sie fahren? Sind es Ihre Bekanntschaften und Freundschaften? Ist es Ihre Familie? Die Tatsache, dass Sie Teil einer Gruppe sind, die Ihnen vertraut und Sie achtet? Dass Sie bei allen Ihren Unternehmungen immer das Beste erreicht haben, das Ihnen möglich war? Dass Sie anderen Menschen geholfen haben? Dass Sie etwas bewirkt haben?

Was war Ihnen in der Vergangenheit wichtig? Was ist Ihnen jetzt wichtig?

Ganz egal, was Ihnen durch den Kopf geht: Schreiben Sie es auf. Genauer ansehen können Sie sich Ihre Gedanken dann später.

Der Leichenschmaus

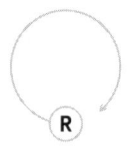

(Diese Übung eignet sich nur für emotional stabile Menschen. Wenn Sie gerade unglücklich sind oder krank waren, sollten Sie lieber weiterblättern und eine der anderen ausprobieren.)

Nehmen Sie sich für diese Übung eine halbe Stunde Zeit. Sehen Sie sich kurz die Übersicht mit Ihren Einflüssen an und begeben Sie sich dann an einen ruhigen Ort, wo Sie ungestört sind, am besten irgendwo drinnen. Legen Sie sich zudem einen großen Schreibblock und einen Bleistift zurecht.

Der Witz an dieser Übung ist, dass sie einen gewissen Humor erfordert. Sie sollten sie nicht allzu ernsthaft, sondern vielmehr mit etwas Ironie angehen. Weshalb? Weil Sie gleich Zeuge Ihres eigenen Leichenschmauses werden – aber keine Sorge: das Ganze geschieht ja nur in Ihrer Fantasie!

Schließen Sie die Augen und entspannen Sie sich. Lassen Sie Ihre Gedanken zur Ruhe kommen und die banalen Dinge des Alltags in weite Ferne rücken. Genießen Sie es, dass Sie eine halbe Stunde lang nichts anderes zu tun brauchen als zu fantasieren, und lenken Sie Ihre Vorstellung auf dieses Ereignis.

Stellen Sie sich vor, Sie würden am Eingang des Raumes stehen, zum Fenster hereinschauen oder über der versammelten Menge schweben, ohne dass Sie jemand sehen kann.

Keine Angst – das hier ist nicht eine dieser bedrückenden, morbiden Angelegenheiten, sondern eine fröhliche Feier, die zu Ihren Ehren abgehalten wird. Und für Sie ist es umso lustiger, weil Sie dabei sein und alles mitverfolgen können!

Alle Menschen, die Sie jemals kannten, liebten oder achteten, sind gekommen – allerdings nicht, um zu trauern, sondern um Sie zu feiern: was Sie waren (sind), was Sie ihnen bedeutet haben, was Sie erreicht haben, was sie von Ihnen gelernt haben.

Jeder Anwesende hat die Möglichkeit, den anderen Gästen ein paar Minuten lang zu erzählen, was Ihre Eigenschaften waren und was Sie zu einem so besonderen Menschen gemacht hat.

Was werden sie sagen? Werden sie berichten, wie Sie die Karriereleiter im Unternehmen erklommen haben? Oder von Ihren geschickten Investitionen erzählen? Oder davon, was für ein hervorragender Golfer, Bridgespieler oder Anekdotenerzähler Sie waren? Oder werden Sie Ihre Fähigkeiten als Freund, Vorgesetzte, Liebhaber oder Vater/Mutter loben?

Welche Gedanken ihre Worte auch immer bei Ihnen auslösen, schreiben Sie sie auf. Später können Sie sich dann genauer damit befassen.

Die nackte Wahrheit

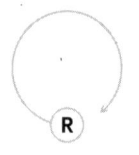

Diese Übung eignet sich nicht für jeden. Lesen Sie sie durch und entscheiden Sie dann, ob sie Ihnen behagt. Ihnen ein gewisses Unbehagen zu verschaffen ist zwar Zweck der Übung, Ihnen ein schlechtes Gefühl geben sollte sie jedoch nicht. Auch wenn Sie exhibitionistisch veranlagt sind, wird sie nicht funktionieren.

(Für den Fall, dass es Sie interessiert: Im Rahmen unserer Coaching-Programme ist diese Übung noch nie durchgeführt worden.)

Nehmen Sie sich eine halbe Stunde Zeit. Sehen Sie sich kurz die Übersicht mit Ihren Einflüssen an und ziehen Sie sich dann an einen ruhigen, warmen Ort zurück, an dem Sie vollkommen ungestört sind. Halten Sie einen großen Schreibblock und einen Bleistift bereit.

Dann ziehen Sie sich aus – und zwar komplett, bis Sie völlig nackt sind. Wenn Sie sich albern und entblößt dabei vorkommen, einfach so splitternackt dazusitzen: *perfekt*! Genau das ist der Sinn des Ganzen. Zweck dieser Übung ist nämlich, sich vom Ego, von allen Äußerlichkeiten und sämtlichen weltlichen Errungenschaften frei zu machen und dem wahren Ich gegenüberzutreten.

Nehmen Sie sich nun ein paar Minuten Zeit, um sich zu entspannen und zu »akklimatisieren«.

Wenn Sie ganz ruhig und gelöst sind, schließen Sie die Augen und sagen sich, dass Sie für einen Moment frei von allem irdischen Ballast wie Aussehen, Status, Leistung, Gewohnheiten, Bedürfnissen sind. Sagen Sie sich, dass all diese Dinge nichts anderes als eine Maske sind und Ihr *wirkliches* Ich tiefer in Ihnen verborgen liegt. Manche Dinge betrachtet Ihr *wahres* Ich als wichtig, andere dagegen nicht, obwohl es möglicherweise diejenigen sind, die Sie in Ihrem Alltag am meisten beschäftigen: die verpasste Beförderung, die unsolide Geldanlage, die ständigen Reibereien mit Ihrer Kollegin. Für diesen Augenblick jedoch sind Ihnen solche Dinge für Ihren großen Lebensentwurf plötzlich überhaupt nicht mehr so wichtig.

Aber was ist Ihnen dann wichtig?

Ganz gleich, welche Gedanken Ihnen dazu einfallen, notieren Sie sie. Später können Sie sich genauer ansehen, was Sie aufgeschrieben haben.

Und was jetzt?

Was haben Sie damit erreicht, dass Sie Ihre Rolle gespielt oder das imaginierte Szenario genossen haben?

Zunächst einmal dürfte eine halbe Stunde mit einer dieser Übungen für sich genommen schon eine entspannende und unterhaltsame Erfahrung gewesen sein. Sie dürften sich also zumindest ein bisschen zufriedener und gelöster fühlen als davor.

Es könnte sogar sein, dass Sie nun bereits eine fertige Liste Ihrer Prioritäten vor sich liegen haben: fünf oder sechs Punkte in einer bestimmten Reihenfolge, die Sie als Leitfaden für Ihren weiteren Lebensweg verwenden können.

Wahrscheinlicher aber ist, dass sich keine so eindeutige Liste ergeben hat – noch nicht.

Grundsätzlich werden diese Imaginationsübungen wahrscheinlich eine der folgenden Reaktionen bei Ihnen auslösen:

- Toll! Ich habe etwas über mich und das, was mir wichtig ist, erfahren – und noch dazu etwas völlig Neues.
- Auch wenn ich es noch nie in Worte gefasst habe: Wirklich neu ist mir das, was ich herausgefunden habe, nicht.

- Das wusste ich doch eh schon. (Gut, mit der Zeit hatte ich es offenbar vergessen.)
- Auf meinem Block steht ein Haufen Wörter, mit denen ich absolut nichts anzufangen weiß.
- Oje, ich habe ja ganz vergessen, mir Notizen zu machen! Dann schreibe ich eben jetzt etwas auf.

Diese Reaktionen sind alle völlig normal. Welche davon bei Ihnen auftritt, hängt davon ab, welche Erfahrungen Sie in Ihrem Leben gemacht haben und was für ein Typ Mensch Sie sind. Doch jede von ihnen bringt Sie ganz automatisch zum Ende dieser Übung.

Nun ist es nur noch ein kleiner Schritt, bis Sie eine kurze Liste der Prioritäten in Ihrem Leben vor sich liegen haben.

Vermutlich ist das, was Sie auf dem Schreibblock notiert haben, noch *nicht* Ihre endgültige Prioritätenliste. Sie beinhaltet vielmehr die Gedanken und Empfindungen, die Sie sichtbar gemacht haben. Noch sind diese Worte nicht mehr als eine Anregung, eine Gedächtnisstütze, ein Hinweis Ihres Unterbewusstseins aus einem Experiment, das lediglich in Ihrer Fantasie stattgefunden hat.

Doch jetzt schreiben Sie bitte – ohne genauer darüber nachzudenken oder viel zu analysieren – die Prioritäten nieder, denen in Ihrem Leben die größte Bedeutung zukommt. Einfach so, wie sie Ihnen spontan einfallen. Was sind die wichtigsten Prioritäten in Ihrem Leben?

Schreiben Sie sie in die folgende Tabelle, insgesamt fünf bis sieben Punkte.

PRIORITÄTEN				
Priorität	1	2	3	4
1.				
2.				
3.				
4.				
5.				
6.				
7.				

Wenn Sie damit fertig sind, bewerten Sie Ihre Prioritäten: 1 heißt dabei »wichtig«, 4 heißt »nicht so wichtig«.

Denken Sie nicht zu lange nach, sondern gehen Sie dabei so zügig wie möglich vor.

Die vier, fünf oder vielleicht sogar sechs Punkte auf Ihrer Liste, denen Sie die höchste Wertung (also die niedrigste Zahl) gegeben haben, sind die Prioritäten in Ihrem Leben – und zwar in dieser Rangfolge. Schreiben Sie sie der Reihe nach in die folgende Übersicht.

Prioritäten

1.
2.
3.
4.
5.
6.

Wenn Sie mit dieser Liste zufrieden sind, übertragen Sie sie in die Übersicht »Meine Prioritäten« auf Seite 156. Dort finden Sie auch Platz, um Ihre Werte, Bedürfnisse, Verpflichtungen und Ziele einzutragen, damit alle Einflüsse in Ihrem Leben auf einer Seite zusammengefasst sind.

Auf diese wichtige Übersicht können Sie von jetzt an immer wieder zurückgreifen.

Was, wenn Sie sich nicht entscheiden können?

Wenn man zwei Prioritäten hat, die einem gleich wichtig erscheinen, ist es oft schwierig, eine zugunsten der anderen beiseitezuschieben.

Sollte das auch bei Ihnen der Fall sein, dann gibt es eine Möglichkeit, wie Sie sich den Prozess der Entscheidungsfindung erleichtern können.

Nehmen wir beispielsweise an, Sie wollen herausfinden, ob A Ihnen wichtiger ist als B oder umgekehrt. Probieren Sie dazu den folgenden einfachen Test aus:

- Halten Sie die Arme ausgestreckt vor sich. Entspannen Sie sich und schließen Sie die Augen.
- Stellen Sie sich vor, Sie würden in jeder Hand eine der beiden fraglichen Prioritäten halten: in der linken A (»meinen Kindern die beste Ausbildung ermöglichen«), in der rechten B (»in die Nähe der Schulen ziehen«).
- Und? Welche *fühlt* sich schwerer an?

Das ist eigentlich auch schon alles. Diejenige, die sich schwerer anfühlt, ist diejenige, die Sie bevorzugen; Ihre Intuition führt Sie auf diesem Weg zur richtigen Entscheidung. Der kleine Test ermöglicht Ihnen, Wissen und Logik völlig beiseitezuschieben und die Wahl mit Hilfe Ihres Unterbewusstseins zu treffen. Sollten Sie im Nachhinein doch kein gutes Gefühl dabei haben, können Sie sich immer noch umentscheiden.

Ihre Liste

Da stehen sie nun schwarz auf weiß, die Prioritäten in Ihrem Leben. Sind sie so, wie Sie es sich vorgestellt haben, als Sie zum ersten Mal dieses Buch aufschlugen?

In den vielen Listen, die ich Menschen habe erstellen sehen, tauchten bestimmte Prioritäten immer wieder auf: etwas bewirken, gute Freundschaften schließen und Beziehungen eingehen und diese pflegen, Fähigkeiten entwickeln, die eine Bereicherung darstellen, Kochbücher schreiben, den Kindern ein gesundes, glückliches Leben ermöglichen, jeden Tag so gut wie möglich auskosten.

Listen, die solche Dinge wie berufliche Positionen, Immobilienportfolios oder Automarken umfassten, gab es dagegen nur selten, was nicht unbedingt überrascht.

Das soll nicht heißen, dass die Prioritäten des einen mehr wert sind als die eines anderen. Jeder Mensch ist anders, und daher werden sich Ihre Prioritäten auch mit großer Wahrscheinlichkeit von denen Ihrer Mitmenschen unterscheiden. Das Einzige, was zählt, ist jedoch, dass es *Ihre* Prioritäten sind, dass Sie wissen, welche es sind, und dass Sie von ihnen auch überzeugt sind.

Ein letzter Test

Nehmen wir einmal an, die Liste mit Prioritäten, die Sie erstellt haben, sähe so aus:

Prioritäten

1 Dafür sorgen, dass meine Familie glücklich, gesund und in Wohlstand leben kann.

2 Einen sicheren Arbeitsplatz haben, der mir Zeit für meine Familie lässt.

3 Durch tägliche Bewegung fit und gesund bleiben.

4 Schuldenfrei werden.

5 Mein Glück mit Menschen teilen, die es nicht so gut haben wie ich.

Auf den ersten Blick sieht das alles ja ganz gut aus, und Sie sind mit Ihrer Liste zufrieden. Trotzdem: So einer Liste kommt eigentlich eine ziemlich große Bedeutung zu. Wie können Sie also sichergehen, dass die darin aufgeführten Prioritäten auch tatsächlich die wichtigsten für Sie sind?

Sie auf rationaler Ebene zu beurteilen und zu überprüfen, ob sie passen, wird Ihnen wahrscheinlich keine Schwierigkeiten bereiten. Doch wie sieht es auf tiefer gehender Ebene aus? Was sagt Ihr Unterbewusstsein dazu?

Wir haben zu diesem Zweck einen einfachen Test entwickelt, der Ihnen dabei helfen soll, festzustellen, wie Ihr Unterbewusstsein auf die Begriffe in Ihrer Liste reagiert. Das alles wird sich rein in Ihrer Vorstellung abspielen. Der ideale Zeitpunkt für die Übung ist daher, wenn Sie ganz entspannt sind und sich um nichts zu kümmern brauchen.

Selbst wenn es eine halbe Stunde dauern sollte, bis Sie so weit sind, ist diese halbe Stunde sinnvoll investiert.

Beginnen Sie jetzt

Wenn Sie sich wohlfühlen und entspannt sind, kann das Rollenspiel beginnen: Sie haben ein Vorstellungsgespräch. Um was für einen Job es geht, was Sie dabei tun müssen oder wie es mit der Bezahlung oder den Arbeitsbedingungen aussieht, wissen Sie nicht. Das Einzige, was Sie in der Hand haben, ist die Beschreibung der Person, die dafür gesucht wird. Ihr imaginärer Gesprächspartner erklärt Ihnen, dass sie sich für den Job jemanden vorstellen, der genau über Ihre Prioritäten verfügt.

Bleiben wir bei dem obigen Beispiel mit den Prioritäten (Seite 124). Dann würde Ihr Gesprächspartner sagen: »Der Person, die wir suchen, ... ist in erster Linie wichtig, dass ihre Familie glücklich und gesund ist und dass es ihr gut geht. Sie ist an diesem Job interessiert, weil er ihr eine große Sicherheit bietet und viel Zeit für die Familie lässt. Die Person, die wir uns vorstellen, ist körperlich fit und gesund und möglichst auch schuldenfrei. Und schließlich ist sie der Meinung, dass es wichtig ist, andere Menschen, denen es nicht so gut geht, an seinem Glück teilhaben zu lassen.«

Jetzt stellt sich Ihnen die Frage: Ist das der richtige Job für Sie? Haben Sie – auch wenn Sie nichts Näheres über die Stelle kennen – das Gefühl, dass Sie die geeignete Person dafür wären?

Wenn Sie mit Ja antworten, dann entspricht Ihre Prioritätenliste dem, wie Sie sich selbst auf einer tiefer gehenden Ebene sehen. Antworten Sie dagegen mit Nein, dann sollten Sie einen der vorangegangenen Schritte lieber noch einmal durchführen.

Bleiben Sie flexibel

Ihre Prioritäten – für den jetzigen Augenblick

Nachdem Sie die einzelnen Schritte nun alle abgeschlossen und die Prioritäten in Ihrem Leben bestimmt haben, ist vermutlich das Letzte, was Sie jetzt hören wollen, dass diese sich ändern können. Doch so, wie Ihr Leben einem ständigen Wandel unterliegt, wandeln sich auch Ihre Bedürfnisse und Verpflichtungen – und ebenso Ihre Prioritäten. Sogar Ihre Werte können sich manchmal verändern.

Ganz gleich, wie geordnet Ihnen Ihr Leben also momentan auch erscheinen mag und wie viel Mühe es gekostet hat, sich die eigenen Werte und Prioritäten zu erarbeiten, es kann immer anders kommen, als Sie es sich vorstellen.

Wenn Sie beispielsweise plötzlich Ihren Job verlieren, Ihnen die Wohnung gekündigt wird, Sie dem nettesten Menschen auf der ganzen Welt begegnen (und dieser Sie fragt, ob Sie ihn auf die andere Seite des Globus begleiten möchten), dann wird sich die Richtung Ihres Lebensweges höchstwahrscheinlich ändern – und damit ändern sich in der Regel auch Ihre Prioritäten.

Dasselbe wird geschehen, wenn Sie in eine andere Lebensphase eintreten: wenn Sie einen neuen Arbeitsplatz finden oder den Partner wechseln, wenn Sie Kinder bekommen, wenn Sie auf eine Beerdigung gehen, wenn etwas Unvorhergesehenes geschieht, wenn sich Ihr Gesundheitszustand verändert, wenn Sie eine neue Leidenschaft entwickeln, wenn Sie älter werden.

Jede Veränderung stellt eine einzigartige Chance dar, sein Leben mit einem frischen Blick zu betrachten und sich nötigenfalls neue Prioritäten zu setzen.

Und genau das wird Ihnen nun viel leichter fallen, weil Sie über eine – noch dazu äußerst entspannte – Methode verfügen, wie Sie Ihre Prioritäten immer dann ins Blickfeld bringen können, wenn es Ihnen nötig erscheint.

Sie haben nun Ihre Liste. Niemand außer Ihnen braucht sie zu sehen oder davon zu wissen. Sie können sie nach Herzenslust erweitern, umsortieren oder sonst irgendwie verändern. Und Sie sollten sie sogar von Zeit zu Zeit verändern, um sicherzustellen, dass Sie noch auf dem richtigen Weg sind.

Ihre Prioritäten – für Ihr weiteres Leben

Sie haben den kleinen Lebenskompass nun vollständig durchgearbeitet. Das Tolle daran ist, dass Sie schon bald in der Lage sein werden, viele Stressfaktoren und Belastungen in Ihrem Alltag zu vermeiden, und dass Sie lernen werden, wie Sie einzelne Ereignisse angemessen beurteilen. Jetzt können Sie sich voll und ganz auf die Aktivitäten konzentrieren, die Ihnen und Ihren Zielen am besten dienen, und Entscheidungen mit mehr Selbstvertrauen treffen als bisher.

Und was vielleicht am wichtigsten ist: Wenn Sie erst einmal Ihre Prioritäten bewertet haben, werden Sie viel eher imstande sein, die unterschiedlichen Aspekte Ihres Lebens wieder ins Gleichgewicht zu bringen.

Nicht alle diese Vorzüge werden sich sofort einstellen, doch letzten Endes werden sie sich auf alle Bereiche Ihres Lebens eindeutig positiv auswirken: angefangen bei Ihrem seelischen Empfinden über Ihren Gesundheitszustand bis hin zu Ihren Zielsetzungen und Leistungen.

Wenden Sie den kleinen Lebenskompass gleich an, aber auch dann, wenn es in Ihrem Leben eine Veränderung gibt. Nutzen Sie ihn, wenn Sie Ihr Leben neu ausrichten wollen.

Doch vor allem: Verwenden Sie ihn durchaus auch einfach nur deshalb, weil es wunderbar ist, sich trotz des vollen Terminkalenders ein wenig Zeit nehmen zu können, um zu entspannen und zu entdecken, dass viel mehr in Ihnen steckt, als Sie vielleicht dachten.

Gar kein schlechtes Ergebnis für die Suche nach den Prioritäten in Ihrem Leben, oder?

Wenn Sie dieses Thema vertiefen und mit einer schrittweisen Anleitung Ihr Leben ins Gleichgewicht bringen möchten, lesen Sie in meinem Ratgeber *Das große Buch der inneren Balance* weiter.

Bonusmaterial

Wie aus Prioritäten ein Lebensinhalt wird

> Was das Ziel dieses Buches betrifft, so haben Sie mit der Erstellung Ihrer Prioritätenliste erreicht, was Sie sich vorgenommen hatten. Der nun folgende Schritt ist eine Art Bonusmaterial, das Sie jetzt, genauso gut aber auch zu einem späteren Zeitpunkt nutzen können.

Wahrscheinlich haben Sie nicht damit gerechnet, dass dieses Buch über sein anfängliches Versprechen, Ihnen bei der Bestimmung der Prioritäten in Ihrem Leben zu helfen, hinausgeht. Ich fände es jedoch schade, wenn Sie es in diesem Prozess der Selbstfindung nun so weit gebracht hätten und dann nicht auch noch den letzten Schritt tun und ergründen würden, was Ihr Lebensinhalt ist.

Prioritäten und Lebensinhalt sind zwei verschiedene Dinge. Selbst wenn sie wenig miteinander zu tun haben, können Sie das Ergebnis ein und desselben Prozesses sein.

Der Lebensinhalt hat nichts damit zu tun, womit Sie sich in Ihrem Leben beschäftigen oder mit wem Sie leben, sondern vielmehr mit Ihrem Leben an sich. Er soll Sie führen und anregen. Ist er klar definiert, weist er Ihnen bei all Ihrem Tun und sämtlichen Entscheidungen den richtigen Weg, ganz egal, ob kurzfristig oder auf längere Sicht. Je klarer Ihr Lebensinhalt, desto besser.

Wenn Sie also ein glückliches, ausgeglichenes und erfolgreiches Leben führen möchten, sollten Sie – neben einer klaren Vorstellung von Ihren Werten und Prioritäten – auch eine gewisse Vorstellung von Ihrem Lebensinhalt haben. Dies ist der sicherste Weg, wenn Sie:

- das Gefühl haben wollen, Ihr Leben im Griff zu haben;
- sichergehen wollen, dass das, womit Sie sich tagtäglich beschäftigen – Arbeit, Freizeit, Beziehungen, Entscheidungen –, auch mit Ihren wesentlichen Bedürfnissen und Motivationen in Einklang steht;
- Ihre Fähigkeiten und Talente fördern und volle Leistung bringen wollen, ohne jeden Schritt erst abwägen oder neu überdenken zu müssen;
- aus dem, was Sie tun, so viel Freude und Befriedigung wie möglich gewinnen wollen;
- dazu imstande sein wollen, dem Auf und Ab im Strom des Lebens gelassen zu begegnen.

Mit einem Lebensinhalt bekommen Sie Ihr Leben in den Griff

In einem der vorangehenden Kapitel haben wir uns bereits mit den Grundbedürfnissen beschäftigt, die *jeder* Mensch in unterschiedlichem Maße befriedigen muss. Angeführt wird diese Liste der Bedürfnisse von der Frage nach dem Sinn des Lebens: Wozu bin ich überhaupt auf der Welt? Worum geht es mir im Leben?

Ob Sie diese Fragen nun als ein spirituelles Bedürfnis betrachten oder nicht, Sie werden Ihnen im Lauf Ihres Lebens immer wieder durch den Kopf gehen – meistens in Phasen der Krise oder Niedergeschlagenheit, manchmal aber auch in unbeschwerten Zeiten.

Die meisten von uns denken jedoch nur selten darüber nach. Für gewöhnlich sind wir viel zu beschäftigt, abgelenkt oder in unserer täglichen Routine gefangen, um uns solchen Selbstbetrachtungen zu widmen. Wir glauben, es sei schon schwierig genug, den Alltag zu meistern – wer sollte da auch noch innehalten und sich fragen, weshalb er das alles tut oder was er damit bezwecken will?

Früher oder später werden Sie sich diese Fragen jedoch stellen. Was gibt meinem Leben eigentlich eine Richtung? Wie kann ich am meisten aus dem machen, was ich bin? Warum bin ich hier?

Was Ihnen im Leben am meisten Antrieb gibt, ist eine klare Vorstellung von Ihrem Lebensinhalt. Im Idealfall beinhaltet er mehr als die rein äußeren Einflussfaktoren Ihres Lebens wie die Familie, Freunde, Staatsangehörigkeit, Beruf oder Konfession. Wenn dem so ist, dann werden Sie auch das Gefühl haben, Ihr Leben im Griff zu haben.

Manche Menschen glauben, dass Ziele oder Wünsche dasselbe sind wie eine klare Vorstellung von seinem Lebensinhalt – doch das ist nicht der Fall. Ziele und Wünsche sind im Vergleich zum Lebensinhalt vorübergehender Natur. Sie sind weniger umfassend und dienen einem völlig anderen Bedürfnis.

Ich werde Ihnen ein Beispiel nennen. Stellen Sie sich vor, ein Psychologe wäre fest entschlossen, der bedeutendste Wissenschaftler auf seinem Gebiet zu werden. Ist das nun ein Ziel oder ein Lebensinhalt?

Das lässt sich ganz einfach testen: Geht es dabei um sein gesamtes Leben oder nur um einen Teilaspekt?

»Der bedeutendste Wissenschaftler werden« ist ganz eindeutig auf nur einen Bereich des Lebens bezogen, also muss man es als Ziel bezeichnen. Der Unterschied würde dem Psychologen dann mehr als deutlich werden, wenn man ihm plötzlich kündigen würde und sein Ruf dadurch so leiden würde, dass eine weitere Beschäftigung auf seinem Gebiet undenkbar geworden ist – dann hätte er das Gefühl, sein Leben nicht länger im Griff zu haben.

Setzen wir den Gedankengang fort. Sagen wir, derselbe Psychologe hätte sich vorgenommen: »Ich will unter allen Menschen, denen ich begegne, Frieden und Ruhe verbreiten.«

Wie würde er in diesem Fall reagieren, wenn er seine Stelle verloren hätte? Natürlich wäre er unglücklich darüber, aber er hätte trotzdem das Gefühl, sein Leben zumindest bis zu einem gewissen Punkt im Griff zu haben, weil er nach wie vor seinen Lebensinhalt verfolgen könnte, Frieden und Ruhe unter den Menschen zu verbreiten – und nun vielleicht sogar auf einem ganz neuen Gebiet.

Die richtige Sichtweise

Da eine klare Vorstellung vom Lebensinhalt so viel Positives bewirkt, denken Sie nun womöglich, dass es sich dabei um etwas besonders Großes handeln müsste, wie beispielsweise »unsere Erde retten«, »Krebs heilen« oder »die Menschheit verändern«.

Doch weit gefehlt.

In vielen Fällen klingen die Beschreibungen solcher Lebensinhalte sogar relativ banal – zum Beispiel »andere Menschen heilen« oder »anderen etwas beibringen«. Dennoch kann ein Lebensinhalt einen nicht zu unterschätzenden Beitrag zu unserer Gesellschaft leisten und demjenigen, der ihn verfolgt, eine ungeheure Motivation und Befriedigung sein.

Wir wollen nun versuchen, Ihren Lebensinhalt so in Worte zu fassen, dass sich ein Außenstehender sofort ein Bild davon machen könnte, worum es Ihnen im Leben geht.

Woran können Sie sich bei der Ausformulierung Ihres Lebensinhaltes orientieren?

- Vor allem sollte es sich um etwas Positives handeln (das heißt, es wird dabei eher um etwas gehen, was Sie empfinden oder tun, als um etwas, womit Sie aufhören oder was Sie vermeiden möchten).
- Es sollte Sie weiterbringen und in Ihnen den Wunsch auslösen, etwas anzustreben – auch wenn dies nicht zwangsläufig auch eine tatsächliche Handlung beinhalten muss.
- Es sollte sich dabei um etwas Größeres, vielleicht sogar »Wichtigeres« handeln als um Ihre Person. Mit Großzügigkeit, Güte oder anderen noblen Tugenden muss es jedoch nicht zwangsläufig zu tun haben.

- Es sollte das Potenzial haben, für Sie zu einer Leidenschaft zu werden, für die Sie leben (und vielleicht sogar sterben würden), zu etwas, dem Sie Ihr Leben widmen möchten.
- Es sollte mit allen Ihren Werten in Einklang stehen und sich an Ihren langfristigen Träumen, Interessen und Wünschen ausrichten.
- Es sollte auf einem tief greifenderen Beweggrund beruhen und damit mehr sein als etwas, das Sie vielleicht tun werden; er ist vielmehr etwas, hinter dem Sie stehen und an das Sie glauben.

Wie kann ein solcher Lebensinhalt aussehen?

Es gibt *nichts* Persönlicheres in Ihrem Leben als Ihren Lebensinhalt. Um eine brauchbare Vorstellung von einem solchen Konzept zu bekommen, kann es jedoch hilfreich sein zu erfahren, wie andere Menschen ihren Lebensinhalt beschreiben würden. Wenn Sie sich die folgenden Definitionen durchlesen, werden Sie feststellen, dass keine davon mit Geld, Besitz oder Karriere zu tun hat – und dass sie sich alle deutlich von einzelnen Zielen oder konkreten Wünschen unterscheiden.

- *Mein Lebensinhalt ist es, mithilfe meiner kommunikativen Fähigkeiten Frieden, Ruhe und Glück zu verbreiten.*
- *Mein Lebensinhalt ist es, Kindern zu zeigen, wie sie sich in Form von Musik und Kunst ausdrücken können.*
- *Mein Lebensinhalt ist es, ein Umfeld zu schaffen, das das Gute in meinen Kindern und Enkeln hervorbringt.*
- *Mein Lebensinhalt ist es, durch meine Kochkünste und Fürsorge anderen Menschen meine Liebe zu zeigen.*
- *Mein Lebensinhalt ist es, anderen beizubringen, was die Geschichte uns lehren kann.*
- *Mein Lebensinhalt ist es, älteren Menschen dabei zu helfen, ihre Einsamkeit zu bewältigen und die Vorzüge eines Lebens im Kreis der Familie zu genießen.*
- *Mein Lebensinhalt ist es, Liebe zu verbreiten und in allen Menschen, denen ich begegne, das Gute zu erkennen.*
- *Mein Lebensinhalt ist es, meinem Gott zu dienen, indem ich anderen helfe, soweit ich es vermag.*
- *Mein Lebensinhalt ist es, andere Menschen zu heilen und ihr Leid zu mildern.*
- *Mein Lebensinhalt ist es, das, was das Leben auf unserem Planeten lebenswert macht, so weit wie möglich wiederherzustellen und für zukünftige Generationen zu bewahren.*
- *Mein Lebensinhalt ist es, Menschen eine Chance zu geben, die Fesseln der Armut zu sprengen.*

Manche der genannten Lebensinhalte klingen eher simpel, andere dagegen ziemlich umfassend. Manche sind allgemein formuliert, andere recht konkret. Sie sollen jedoch in keinem Fall ein Ideal darstellen, sondern lediglich ein paar Dinge nennen, die anderen Menschen wichtig erscheinen. Was für andere gilt, ist jedoch unerheblich – es zählt einzig und allein, was für *Sie* entscheidend ist.

Wie Sie Ihren Lebensinhalt bestimmen

Wenn wir von Ihrem Lebensinhalt sprechen, dann geht es dabei um etwas Tiefgreifendes, das Ihr ganzes Leben verändern kann. Zunächst einmal dient er Ihnen das ganze Leben hindurch als Leitfaden. Im Idealfall aber ist er für Sie eine Motivation, der Sie sich gar nicht entziehen können.

Bei einem Thema, das so entscheidend für Ihre Befindlichkeit ist, kann man allerdings nicht erwarten, sofort eine klare Antwort zu finden.

Eine angemessene Beschreibung des eigenen Lebensinhaltes zu formulieren dauert nun einmal seine Zeit. Manchen Menschen gelingt es auf Anhieb, während andere mühsam hin und her überlegen, bis sie endlich das Gefühl haben, dass es so weit ist.

Doch egal, ob Sie nun einen Tag dafür brauchen oder ein Jahr: Es gibt in jedem Fall einen mühsamen Weg und es gibt den Calm Way.

Der mühsame Weg basiert auf einer kontinuierlichen Auseinandersetzung und Analyse. Wenn alles gut geht, wird Ihnen vielleicht eines Tages die Erleuchtung kommen.

Bei der Calm-Way-Methode schaffen Sie sich einfach das Umfeld, in dem die passende Antwort sich Ihnen ganz von selbst offenbart. Und wenn sich herausstellen sollte, dass es nicht die Antwort ist, nach der Sie gesucht haben, dann probieren Sie es einfach noch einmal. Ganz einfach, nicht wahr?

Die Schritte

Diesmal werde ich Ihnen nicht – wie in den anderen Kapiteln dieses Buches – eine simple Formel an die Hand geben, mit der Sie Ihren Lebensinhalt in vier einfachen Schritten bestimmen können. Stattdessen werde ich Ihnen jedoch die vier einfachen Schritte verraten, die Ihnen dabei *helfen* werden, Ihren Lebensinhalt zu erkennen. Vielleicht kommen Sie damit nicht sofort zu einem Ergebnis – vielleicht sogar nicht einmal besonders schnell –, doch letztendlich werden Sie die Antwort finden, nach der Sie suchen.

1. Gehen Sie mit sich selbst auf Tuchfühlung

Wie Sie bestimmt schon gemerkt haben, ist man dann am ehesten in Einklang mit sich selbst, wenn man völlig entspannt ist. Doch es gibt auch andere Momente, in denen man diesen Zustand erreichen kann, zum Beispiel, wenn einen ein tatsächliches oder fiktives Ereignis (beispielsweise im Film oder in einem Theaterstück) ungewöhnlich stark berührt, wenn man eine Diskussion oder ein Streitgespräch über ein Thema führt, das einem offenbar nähergeht als seinem Gegenüber, oder wenn man so in etwas vertieft ist, dass man gar nicht mehr wahrnimmt, was um einen herum geschieht.

In solchen Momenten *spürt* man, dass es da etwas gibt, was einen ganz eindeutig beeinflusst. Schreiben Sie auf, was es ist.

2. Stellen Sie sich Fragen

»Wer bin ich?« Stellen Sie eine Liste sämtlicher Eigenschaften, Vorlieben und Begabungen zusammen, die Sie zu dem Menschen machen, der Sie sind. Berücksichtigen Sie auch diejenigen, die Sie nur selten wahrnehmen oder überdenken.

»Was beschäftigt mich?« Notieren Sie sich auch zu dieser Frage Ihre Gedanken.

3. Denken Sie nach

Nun suchen Sie sich einen Ort, wo Sie ungestört sind. Entspannen Sie sich und kommen Sie zur Ruhe. Lassen Sie Ihr Leben im Geiste an sich vorüberziehen und schreiben Sie alle Begebenheiten, Erlebnisse, Errungenschaften oder sogar Gedanken nieder, die Sie für besonders bewegend, befriedigend oder bedeutsam hielten. In welchen Momenten fühlten Sie sich am stärksten und erfolgreichsten? Wann hatten Sie das Gefühl, dass sich alles »auf wunderbare Weise fügt«?

Erstellen Sie eine Liste dieser Dinge und achten Sie darauf, ob Ihnen Gemeinsamkeiten auffallen.

4. Werfen Sie einen Blick zurück

Führen Sie den folgenden Schritt zu einem anderen Zeitpunkt durch als die drei vorangegangenen (aber erst, wenn Sie die Schritte 1, 2 und 3 abgeschlossen haben).

Begeben Sie sich auch diesmal wieder an einen Ort, wo Sie ungestört sind, und gönnen Sie sich zunächst etwas Ruhe und Entspannung.

Nutzen Sie alle Informationen aus den drei vorangegangenen Schritten – die Eigenschaften oder Charakterzüge, die Sie ausmachen, das, was Sie wirklich beschäftigt, und die prägendsten Momente Ihres bisherigen Lebens – und überlegen Sie sich, was all das zusammengenommen für einen Sinn ergibt.

Wie lassen sich die wichtigsten Beweggründe in Ihrem Leben am besten kurz und prägnant in Worte fassen? Wenn sich Ihnen ein Gedanke hierzu aufdrängt, notieren Sie ihn.

Später, wenn Sie sich diese Notizen noch einmal genauer ansehen und Sie mit der Formulierung nicht ganz glücklich sind, wenn Sie dabei nicht den Drang verspüren, sie gleich in die Praxis umzusetzen, dann sollten Sie die oben beschriebenen Schritte lieber noch einmal durchgehen. Das kann durchaus passieren. Manchmal dauert es einfach eine Weile, bis sich der Lebensinhalt herauskristallisiert. Aber er *ist* vorhanden. Und er *wird* sich Ihnen offenbaren – wenn der richtige Zeitpunkt gekommen ist.

Bleiben Sie unvoreingenommen und offen für eine Antwort, dann wird sie sich auch finden.

Dass Sie die richtige Antwort gefunden haben, werden Sie daran merken, dass Sie sich von ihr erfüllt und motiviert fühlen (und zwar ohne sie erst bewusst umsetzen zu müssen) und sie Ihnen vielleicht sogar ein wenig Angst macht.

Und was kommt nun?

Doch was tun Sie, wenn Sie schließlich herausgefunden haben, wie sich Ihr Lebensinhalt treffend in Worten wiedergeben lässt?

Ihn umzusetzen und zu nutzen, um Ihrem Leben eine Bestimmung und eine Richtung zu geben, erfordert einen gewissen Einsatz.

Sind Sie jedoch bereit, sich darauf einzulassen, wird Ihr Lebensinhalt für Sie zu einer eigenen treibenden Kraft werden. Sie wird der Maßstab, der Ihnen zeigt, was richtig und was falsch ist. Sie wird zum Bezugspunkt bei wichtigen Entscheidungen. Sie wird Sie zu persönlicher Entwicklung und Leistung anspornen. Und was das Beste ist: Je stärker Sie sich darauf stützen, umso erfüllender wird Ihr Leben sein.

Vor Ihnen liegt ein klarer Weg

Jetzt, da Sie Ihre Prioritäten – und womöglich sogar Ihren Lebensinhalt – ermittelt haben, sind Sie in der Lage, Ihren Alltag mit mehr Zuversicht und Klarheit anzugehen. Sie können sich auf das konzentrieren, was Sie wirklich möchten, anstatt sich von anderen Dingen ablenken oder verrückt machen zu lassen, die vielleicht gar nicht so wichtig für Sie sind.

Konkret kann das so aussehen:

- Steht zum Beispiel ganz oben auf Ihrer Prioritätenliste »der bedeutendste Richter des Landes werden«, dann wissen Sie jetzt ganz genau, worauf Sie Ihre Energie verwenden sollten. Dass Sie dafür Abstriche bei der Zeit machen müssen, die Sie mit Ihrer Familie verbringen, wäre nun jedoch ein hinnehmbares Opfer.
- Steht auf Platz eins Ihrer Liste dagegen »mehr Mußestunden mit meiner Familie verbringen«, dann wissen Sie genau, wo Ihre Prioritäten in Zusammenhang mit Ihrer Arbeit liegen. Das heißt noch lange nicht, dass Sie deswegen Ihre beruflichen Pflichten vernachlässigen müssten, sondern lediglich, dass Sie

es verkraften würden, wenn man Sie bei der nächsten Beförderung möglicherweise übergeht.

Jeder Mensch verfügt über ein begrenztes Reservoir an psychischer und physischer Energie, die er auf seine täglichen Aktivitäten verwenden kann. Sie in zu vielen Bereichen zu vergeuden oder für etwas, was einem eigentlich nicht wichtig ist, führt zu Überbelastung und schmälert die Leistungsfähigkeit. Sich dagegen immer nur auf eine Sache gleichzeitig zu konzentrieren bringt nicht nur mehr Ruhe und Klarheit in Ihr Leben, sondern lässt Sie auch effizienter werden.

Richten Sie also Ihr Augenmerk auf das, was momentan für Sie von Bedeutung ist, und Sie werden feststellen, dass nicht nur die Belastungen und Frustrationen des Alltags in den Hintergrund treten, sondern Ihre Aktivitäten Ihnen auch mehr Freude und Zufriedenheit verschaffen.

Ruhe, Freude und Zufriedenheit – hat sich da die Suche nach dem, was Ihnen im Leben wichtig ist, nicht gelohnt?

Ihre Hilfsmittel

MEINE EINFLÜSSE

- Ziele
- Verpflichtungen
- Bedürfnisse
- Werte

MEINE PRIORITÄTEN

1.
2.
3.
4.
5.
6.

Bestimmen Sie die Prioritäten in Ihrem Unternehmen

Wenn Sie Ihre Prioritäten bestimmen oder eine vollkommene Balance in Ihrem Leben oder aber für Ihr Unternehmen oder Ihre Organisation erreichen möchten – und zwar auf wesentlich umfassenderer Ebene, als die Lektüre eines Buches dies leisten kann –, finden Sie Anregungen und Informationen dazu auf dieser Website:

www.thecalmway.com

EINE KURZE LISTE VON LEBENSWERTEN

Anstand
Arglosigkeit
Aufgeklärtheit
Aufmerksamkeit
Aufrichtigkeit
Ausgeglichenheit
Barmherzigkeit
Bedachtheit
Bedeutsamkeit
Befähigung
Begeisterung
Beharrlichkeit
Berühmtheit
Bescheidenheit
Beständigkeit
Bestätigung
Bestimmtheit
Beziehungen
Bußfertigkeit
Charakterstärke
Charme
Dankbarkeit
Demut
Dienstbereitschaft
Disziplin
Durchhalte-
vermögen
Ebenbürtigkeit
Effizienz
Ehrerbietung
Ehrgeiz
Ehrlichkeit
Eifer
Eigenheit
Eigenständigkeit
Einfachheit
Einfühlungs-
vermögen
Einigkeit
Eintracht
Elan
Eleganz
Elitedenken
Empfindsamkeit
Engagement
Enthaltsamkeit
Entwicklung
Erfolg
Erfülltheit
Ergebenheit
Erkenntlichkeit
Ernsthaftigkeit
Fairness
Familiensinn
Feinfühligkeit
Fleiß
Flexibilität
Forschungsgeist
Freigebigkeit
Freisinn
Freude
Freundlichkeit
Freundschaft
Friedlichkeit
Fröhlichkeit
Führungsqualitäten
Fürsorglichkeit
Geduld
Gehorsam
Gelassenheit
Gelehrtheit
Gemächlichkeit
Gemütsruhe
Genügsamkeit
Genussfähigkeit
Geschicklichkeit
Geschmack
Gesundheit
Glaube
Glaubwürdigkeit
Großzügigkeit

Gründlichkeit
Güte
Harmonie
Hartnäckigkeit
Heilkunst
Heiterkeit
Hilfsbereitschaft
Hingabe
Hoffnung
Höflichkeit
Humor
Idealismus
Individualität
Innovationsgeist
Inspiration
Integrität
Intelligenz
Intuition
Kompetenz
Konformität
Konkurrenz
Konservatismus
Kontrolle
Kreativität
Kritikfähigkeit
Lebenslust
Leidenschaft
Leistung
Leistungswille

Liebe
Logik
Loyalität
Macht
Mäßigung
Meisterhaftigkeit
Menschenliebe
Menschlichkeit
Miteinander
Mitgefühl
Muße
Mut
Nachgiebigkeit
Natürlichkeit
Neugier
Objektivität
Offenheit
Opferbereitschaft
Optimismus
Ordnungssinn
Pazifismus
Pflichtgefühl
Phantasie
Positives
Pragmatismus
Produktivität
Professionalität
Provokation
Rationalität

Realitätssinn
Rechtschaffenheit
Redegewandtheit
Reflexionsfähigkeit
Reichtum
Reife
Respekt
Respektlosigkeit
Risiko
Rücksicht
Ruhe
Ruhm
Sachlichkeit
Sanftheit
Schönheit
Selbstachtung
Selbst-
beherrschung
Selbst-
bewusstsein
Selbstlosigkeit
Selbstwertgefühl
Seligkeit
Seriosität
Sicherheit
Siegesfreude
Sinnlichkeit
Skepsis
Sparsamkeit

Spiritualität
Sportsgeist
Spürsinn
Standhaftigkeit
Stärke
Stillschweigen
Taktgefühl
Talent
Tapferkeit
Tatkraft
Toleranz
Treue
Überlegenheit
Überschwang
Umsicht
Unabhängigkeit
Ungewöhnlichkeit
Ungezwungenheit
Unkompliziertheit
Unterstützung
Unverfälschtheit

Unvoreingenommenheit
Verantwortungsgefühl
Vergebung
Verlässlichkeit
Vernunft
Versöhnlichkeit
Verspieltheit
Verstandeskraft
Verständnis
Vertrauen
Vertrauenswürdigkeit
Vertrautheit
Verzichtbereitschaft
Vielseitigkeit
Vitalität
Voraussicht
Vornehmheit
Vortrefflichkeit

Vorurteilslosigkeit
Wagemut
Weisheit
Weitblick
Weitherzigkeit
Wertschätzung
Widerspruchsgeist
Willensstärke
Wissen
Wohlbefinden
Wohlstand
Wundertätigkeit
Würde
Würdigung
Zärtlichkeit
Zeit
Zielstrebigkeit
Zufriedenheit
Zugehörigkeit
Zuneigung
Zusammenhalt